SPECLANG
Beiträge zur Berufs- und Fachkommunikation

Band 4

Herausgegeben von
Beata Grzeszczakowska-Pawlikowska, Jacek Makowski
und Agnieszka Stawikowska-Marcinkowska

Die Bände dieser Reihe sind peer-reviewed.

Agnieszka Stawikowska-Marcinkowska /
Jacek Makowski

Berufskommunikative und fachsprachendidaktische Spezifik der Outsourcing-Branche in Polen

Mit 15 Abbildungen

V&R unipress

Bibliografische Information der Deutschen Nationalbibliothek
Die Deutsche Nationalbibliothek verzeichnet diese Publikation in der Deutschen
Nationalbibliografie; detaillierte bibliografische Daten sind im Internet über
https://dnb.de abrufbar.

Gedruckt mit finanzieller Unterstützung der Philologischen Fakultät der Universität Łódź.

Gutachterinnen: Prof. Dr. habil. Joanna Szczęk (Universität Wrocław) und
Dr. habil. Joanna Kic-Drgas (Adam-Mickiewicz-Universität Poznań)

© 2025 Brill | V&R unipress, Robert-Bosch-Breite 10, D-37079 Göttingen, info@v-r.de,
ein Imprint der Brill-Gruppe
(Koninklijke Brill BV, Leiden, Niederlande; Brill USA Inc., Boston MA, USA; Brill Asia Pte Ltd,
Singapore; Brill Deutschland GmbH, Paderborn, Deutschland; Brill Österreich GmbH, Wien,
Österreich)
Koninklijke Brill BV umfasst die Imprints Brill, Brill Nijhoff, Brill Schöningh, Brill Fink, Brill mentis,
Brill Wageningen Academic, Vandenhoeck & Ruprecht, Böhlau und V&R unipress.
Alle Rechte vorbehalten. Das Werk und seine Teile sind urheberrechtlich geschützt.
Jede Verwertung in anderen als den gesetzlich zugelassenen Fällen bedarf der vorherigen
schriftlichen Einwilligung des Verlages.

Umschlagabbildung: © Universität Łódź
Druck und Bindung: CPI books GmbH, Birkstraße 10, D-25917 Leck
Printed in the EU.

Vandenhoeck & Ruprecht Verlage | www.vandenhoeck-ruprecht-verlage.com

ISSN 2750-6169
ISBN 978-3-8471-1674-5

Inhalt

Tabellen- und Abbildungsverzeichnis 7

Vorwort 11

1. Einleitung 13
   1.1 Kontextueller Umriss 13
   1.2 Zielsetzung, Fragestellung, Arbeitsthesen 17
   1.3 Forschungsaufriss 22
   1.4 Erwartete Ergebnisse und praktische Relevanz des
       Forschungsprojekts 22

2. Berufskommunikative und fachsprachendidaktische Dimensionen . . 25
   2.1 Sprache in Institutionen 25
       2.1.1 Sprachliche Besonderheiten in verschiedenen Institutionen . 25
       2.1.2 Schulen und Bildungseinrichtungen 26
       2.1.3 Rechtliche Institutionen 26
       2.1.4 Regierungsbehörden und Verwaltung 27
       2.1.5 Sprache der Börse 27
       2.1.6 Sprache des EU-Parlaments 28
       2.1.7 Sprache in internationalen Unternehmen 29
       2.1.8 Sprache in Institutionen und Globalisierung 31
   2.2 Beruf, Sprache, Kommunikation – Terminologische Bestimmung
       und Trennung 33
       2.2.1 Fachsprachen 33
       2.2.2 Fachtexte und Fachtextsorten 37
       2.2.3 Fachkommunikation 38
       2.2.4 Fach- und Berufssprache im Kontext der beruflichen
           Kommunikation 40
   2.3 Institutionelle und individuelle Mehrsprachigkeit 42
   2.4 Berufs- und Fachsprachendidaktik 43

3. Globaler und lokaler sozio-wirtschaftlicher Hintergrund 2014–2024 . . 47
   3.1 Globalisierung 48
      3.1.1 Wirtschaftliche, kulturelle und politische Dimensionen 48
      3.1.2 Globalisierung des Arbeitsmarktes 49
   3.2 Auslagerung von Geschäftsprozessen – Terminologische
      Abgrenzung. 51
   3.3 Moderne Unternehmensdienstleistungen in Polen 52
      3.3.1 Outsourcing-Unternehmen und philologische Studiengänge . 57
      3.3.2 Personal und Standorte 58
      3.3.3 Sprachen 61
      3.3.4 Wissenszweige, Fachgebiete und Geschäftsprozesse 63

4. Die Outsourcing-Branche im Fokus linguistischer Studien –
   Sprachenbarometer Lodz 2014–2024 65
   4.1 Genese und Hintergrund 65
   4.2 Methodisches Vorgehen 66
   4.3 Wendepunkte und Perspektiven 82

5. Aktuelle Studienergebnisse zur berufskommunikativen und
   fachsprachendidaktischen Spezifik der Outsourcing-Branche in Polen
   – Sprachenbarometer Lodz 2023 83
   5.1 Untersuchungsdesign und Präsentation der Forschungsergebnisse . 83
   5.2 Präsentation des Datenmaterials (Dataset) 89
   5.3 Globale exemplarische Datenanalyse – Institutionelle
      Mehrsprachigkeit. 130
   5.4 Detaillierte exemplarische Datenanalyse – Individuelle
      Mehrsprachigkeit. 137

6. Forschungsergebnisse und Zukunftsperspektiven 145
   6.1 Praktische Relevanz und Umsetzung der Forschungsergebnisse . . 145
      6.1.1 Konzepte neuer und zukünftiger Dimensionen
          berufsorientierter neophilologischer Sprachenausbildung . . 145
      6.1.2 Germanistik 2.0 – Ein praxisorientiertes Studienfachkonzept . 147
   6.2 Fazit und Ausblick 151

7. Bibliographie 153

Tabellen- und Abbildungsverzeichnis

Abbildungsverzeichnis

Abb. 1　Sprachenbarometer Lodz 2014–2024 – Zielrichtungen der Studie
Abb. 2　Sprachenbarometer Lodz 2014–2024 – Zielsetzung, Fragestellung, Arbeitsthesen und Zwischenergebnisse
Abb. 3　Outsourcing-Branche in Polen – durchschnittliches Monatsgehalt. November 2024
Abb. 4　Outsourcing-Dienstleistungszentren in Polen – Verteilung nach Typ
Abb. 5　Outsourcing-Dienstleistungszentren in Polen – Personal 2004–2023 in Tausenden
Abb. 6　Outsourcing-Dienstleistungszentren in Polen – Unternehmen 2009–2023
Abb. 7　Outsourcing-Dienstleistungszentren in Polen – Standorte
Abb. 8　Outsourcing-Dienstleistungszentren in Polen – Personal und Standorte 2014–2023
Abb. 9　Outsourcing-Dienstleistungszentren in Polen – verwendete Sprachen
Abb. 10　Outsourcing-Dienstleistungszentren in Polen – Geschäftsprozesse
Abb. 11　Sprachenbarometer Lodz 2023 – Präsentation der Forschungsergebnisse: Kurzprofil – Testperson [2]
Abb. 12　Sprachenbarometer Lodz 2023 – Angaben zur Fertigkeit SCHREIBEN – Testperson [2]
Abb. 13　Sprachenbarometer Lodz 2023 – Präsentation der Forschungsergebnisse: (Fremd-)Spracheneinsatz für berufliche Zwecke – Testperson [2]
Abb. 14　Sprachenbarometer Lodz 2023 – Präsentation der Forschungsergebnisse: Berufskommunikative Sprachausbildung im Unternehmen, Schlussdaten – Testperson [2]
Abb. 15　Germanistik 2.0 – SWOT-Analyse

Tabellenverzeichnis

Tab. 1　Ceri International Sp. z o. o. – Beschäftigungsstruktur nach Fremdsprachenkenntnissen. April 2015
Tab. 2　Infosys BPO Poland – Beschäftigungsstruktur nach Fremdsprachenkenntnissen. April 2015
Tab. 3　Sprachenbarometer Lodz 2014–2024 – Erhebung 1/2014
Tab. 4　Sprachenbarometer Lodz 2014–2024 – Erhebung 2/2015

Tab. 5 Sprachenbarometer Lodz 2014–2024 – Erhebung 3/2015
Tab. 6 Sprachenbarometer Lodz 2014–2024 – Erhebung 4/2017
Tab. 7 Sprachenbarometer Lodz 2014–2024 – Erhebung 5/2018
Tab. 8 Sprachenbarometer Lodz 2014–2024 – Erhebung 6/2019
Tab. 9 Sprachenbarometer Lodz 2014–2024 – Erhebung 7/2020
Tab. 10 Sprachenbarometer Lodz 2014–2024 – Erhebung 8/2020
Tab. 11 Sprachenbarometer Lodz 2014–2024 – Erhebung 9/2021
Tab. 12 Sprachenbarometer Lodz 2014–2024 – Erhebung 10/2022
Tab. 13 Sprachenbarometer Lodz 2014–2024 – Erhebung 11/2022
Tab. 14 Sprachenbarometer Lodz 2014–2024 – Erhebung 12/2023
Tab. 15 Sprachenbarometer Lodz 2014–2024 – Zusammenstellung
Tab. 16 Sprachenbarometer Lodz 2023 – Präsentation der Forschungsergebnisse – Testperson [1]
Tab. 17 Sprachenbarometer Lodz 2023 – Präsentation der Forschungsergebnisse – Testperson [2]
Tab. 18 Sprachenbarometer Lodz 2023 – Präsentation der Forschungsergebnisse – Testperson [3]
Tab. 19 Sprachenbarometer Lodz 2023 – Präsentation der Forschungsergebnisse – Testperson [4]
Tab. 20 Sprachenbarometer Lodz 2023 – Präsentation der Forschungsergebnisse – Testperson [5]
Tab. 21 Sprachenbarometer Lodz 2023 – Präsentation der Forschungsergebnisse – Testperson [6]
Tab. 22 Sprachenbarometer Lodz 2023 – Präsentation der Forschungsergebnisse – Testperson [7]
Tab. 23 Sprachenbarometer Lodz 2023 – Präsentation der Forschungsergebnisse – Testperson [8]
Tab. 24 Sprachenbarometer Lodz 2023 – Präsentation der Forschungsergebnisse – Testperson [9]
Tab. 25 Sprachenbarometer Lodz 2023 – Präsentation der Forschungsergebnisse – Testperson [10]
Tab. 26 Sprachenbarometer Lodz 2023 – Präsentation der Forschungsergebnisse – Testperson [11]
Tab. 27 Sprachenbarometer Lodz 2023 – Präsentation der Forschungsergebnisse – Testperson [12]
Tab. 28 Sprachenbarometer Lodz 2023 – Präsentation der Forschungsergebnisse – Testperson [13]
Tab. 29 Sprachenbarometer Lodz 2023 – Präsentation der Forschungsergebnisse – Testperson [14]
Tab. 30 Sprachenbarometer Lodz 2023 – Präsentation der Forschungsergebnisse – Testperson [15]
Tab. 31 Sprachenbarometer Lodz 2023 – Präsentation der Forschungsergebnisse – Testperson [16]
Tab. 32 Sprachenbarometer Lodz 2023 – Präsentation der Forschungsergebnisse: Zusammenstellung der Kurzprofile

Tabellenverzeichnis

Tab. 33 Sprachenbarometer Lodz 2023 – Präsentation der Forschungsergebnisse: Sprachkenntnisse in der Probandengruppe

Tab. 34 Sprachenbarometer Lodz 2023 – Präsentation der Forschungsergebnisse: (Fremd-)Spracheneinsatz für berufliche Zwecke

Tab. 35 Sprachenbarometer Lodz 2023 – Präsentation der Forschungsergebnisse: Berufserfahrung der Untersuchungsteilnehmer in der Branche moderner Unternehmensdienstleistungen

Tab. 36 Sprachenbarometer Lodz 2023 – Präsentation der Forschungsergebnisse: Ausbildungsstand der Untersuchungsteilnehmer

Tab. 37 Bedeutung der Fertigkeit HÖREN in der isolierten Zielgruppe (Deutsch)

Tab. 38 Bedeutung der Fertigkeit LESEN in der isolierten Zielgruppe (Deutsch)

Tab. 39 Bedeutung der Fertigkeit SPRECHEN und INTERAKTION in der isolierten Zielgruppe (Deutsch)

Tab. 40 Bedeutung der Fertigkeit SCHREIBEN in der isolierten Zielgruppe (Deutsch)

Tab. 41 Bedeutung der Fertigkeit ÜBERSETZEN und DOLMETSCHEN in der isolierten Zielgruppe (Deutsch)

Tab. 42 Prozesskategorien/Fachbereiche in der isolierten Zielgruppe (Deutsch)

Tab. 43 Prozesskategorien/Fachbereiche und Fachtextsorten in der isolierten Zielgruppe (Deutsch)

Tab. 44 Sprachenbarometer Lodz 2023 – Präsentation der Forschungsergebnisse – Testpersonen [5], [14] und [15] im Vergleich

Tab. 45 Sprachenbarometer Lodz 2023 – Erhebung 13/2024

Vorwort

Die Verfasser richten einen besonderen Dank an die Gutachterinnen des vorliegenden Bandes, Frau Prof. Dr. habil. Joanna Szczęk (Universität Wroclaw) sowie Frau Dr. habil. Joanna Kic-Drgas (Universität Poznan), für alle wertvollen Anregungen, Ratschläge und Hinweise.

Wir danken ebenfalls dem gesamten Sprachenbarometer-Team, darunter insbesondere Herrn Kamil Łuczak (M. A.) für seine Hilfe bei der Konzipierung und Realisierung der aktuellsten Erhebung.

Für die finanzielle Unterstützung bei der Realisierung des Bandes bedanken wir uns bei der Philologischen Fakultät der Universität Lodz. Für die Förderung unserer wissenschaftlichen Tätigkeit, die zu der Entstehung des vorliegenden Bandes beigetragen hat, gilt ein besonderer Dank der Universität Lodz, der Philologischen Fakultät sowie dem Institut für Germanistik UŁ.

Vertragsseitlich richten wir unseren speziellen Dank an Frau Marie-Carolin Vondracek, die das Projekt stets mit Rat und Tat unterstützt hat.

Agnieszka Stawikowska-Marcinkowska
Jacek Makowski

1. Einleitung

1.1 Kontextueller Umriss

Die grenzüberschreitend tätige Unternehmung, bei der Wettbewerbsvorteile weltweit im Zuge der Ausnutzung von Standortvorteilen und Intensivierung weltweiter Verflechtungen in ökonomischen, politischen, kulturellen und informationstechnischen Bereichen und den *Economies of Scale* aufgebaut werden, basiert auf der theoretischen Fundierung der Konvergenztheorie: Aufgrund technischer und wirtschaftlicher Entwicklung nähern sich unterschiedliche Sozialisationen immer weiter an, »womit auch kulturelle Differenzen allmählich obsolet werden« (vgl. Gabler 2024[1], 2010: 186). Die Funktion der Antriebskraft jener »grenzüberschreitenden Verflechtung von gesellschaftlichen und wirtschaftlichen Aktivitäten«, der Globalisierung, erfüllen vor allen Dingen die zu erzielenden Kooperationsgewinne. Diese werden im wirtschaftlichen Bereich etwa durch »die Ausnutzung von Vorteilen in Bezug auf Standorte, Arbeitsteilung, Spezialisierung« erzielt (Gabler 2024[2], 2010: 186), somit auch die »Verlagerung von Wertschöpfungsaktivitäten des Unternehmens auf Zulieferer« und die »Verkürzung der Wertschöpfungskette bzw. der Leistungstiefe des Unternehmens« (ebd.). Dank Outsourcing, also der »Ausgliederung von Unternehmensaufgaben« an externe qualifizierte und spezialisierte Dienstleister können die »Produktions-, Entwicklungs-, aber auch Dienstleistungsgemeinkosten des Unternehmens« reduziert (Gabler 2024[3], 2010: 332), Kostenvorteile durch Konzentration auf die Kernprozesse erzielt sowie »die eigene operative und [...] strategische Marktposition« verbessert werden (ebd.).

Vor diesem Hintergrund bildet die globalisierte, innovations- und wettbewerbsfähige wissensbasierte und digitalisierte Wirtschaft des 21. Jahrhundert mit zunehmender Rolle von solchen Zukunftskompetenzen und Schlüsselfähigkei-

---

[1] https://wirtschaftslexikon.gabler.de/definition/globalisierung-35657 (01.10.2024).
[2] https://wirtschaftslexikon.gabler.de/definition/globalisierung-35657 (01.10.2024).
[3] https://wirtschaftslexikon.gabler.de/definition/outsourcing-42299 (01.10.2024).

ten wie Soft Skills, Umgang mit digitalen Tools und künstlicher Intelligenz[4], fachsprachlicher Vielfalt und Pluralität oder institutioneller und individueller Mehrsprachigkeit aus der Perspektive der aktuellen linguistischen Fachsprachenforschung sowie Fremd- und Fachsprachendidaktik einen durchaus attraktiven Forschungsgegenstand mit einer Vielzahl diverser Herangehensweisen und Ansätze. Eine wesentliche Herausforderung bildet hierbei zuallererst die immense Komplexität des Forschungsfeldes Fach- bzw. Berufskommunikation und die damit einhergehende terminologische Bestimmung und Trennung zwischen Bereichen wie Allgemeinsprache, Bildungssprache oder Fachsprache, fachsprachliche Pluralität und Vielfalt, Fachkommunikation, Berufssprache, Berufskommunikation oder aber auch individuelle und institutionelle Mehrsprachigkeit bzw. Vielsprachigkeit in beruflicher Kommunikation (vgl. Stawikowska-Marcinkowska, Makowski 2023a: 226 u. Roelcke 2021a, vgl. zur Übersicht u. a. Efing 2014, Kniffka, Roelcke 2016, Stawikowska-Marcinkowska 2020, Pietrzak 2023, Roelcke 2020, 2021a u. b, 2022 u. 2024, Migodzińska, Pietrzak 2024). Auch der internationale wissenschaftliche fremd- und fachsprachendidaktische Diskurs um die aktuellen Chancen, Herausforderungen und Wendepunkte für die berufliche Positionierung von Philologen[5] in den stets dynamisch wachsenden internationalen Arbeitsmärkten bietet im Kontext der sog. Dritten Mission von Hochschulen (*Third Mission*) eine breite Palette an verschiedenartigen Forschungsperspektiven (vgl. Stawikowska-Marcinkowska, Makowski 2023a: 225–226). Zentrale Fragestellung umfasst unter anderem die Transformationsprozesse und Perspektiven einhergehender philologischer Studiengänge, inhaltliche und curriculare Schwerpunktsetzungen, Ausrichtungen sowie die gesellschaftliche Bedeutung der weit gefassten philologischen Studienrichtungen wie etwa der Germanischen Philologie ggf. Germanistik oder German Studies, der Angewandten Linguistik oder der Linguistik für Unternehmen – *Linguistics for business (L4B)*[6]. Dazu kommen Aspekte der Interdisziplinarität, Mobilität, Digitalisierung, Arbeitsmarkt-, Praxis- und Kompetenzorientiertheit sowie der Erweiterung der philologischen Aus- und Weiterbildung um »universale, fachkommunikative und berufsbezogene Lerninhalte, Schlüsselkompetenzen und arbeitsmarktbezogene Sprachfertigkeiten« (vgl. hierzu Stawikowska-Marcinkowska, Makowski 2023a: 225–226, vgl. Tichy et al. 2018, Middeke, Sava, Tichy 2019, Grzeszczakowska-Pawlikowska, Stawikowska-Marcinkowska 2020, Abra-

---

4 https://wirtschaftslexikon.gabler.de/definition/zukunftskompetenzen-121646 (01. 10. 2024).
5 Aus Gründen der Lesbarkeit wird im vorliegenden Band bei Bezeichnungen von Arbeitsstellen, Funktionen, Berufsformen etc. das generische Maskulin verwendet. Falls nicht anders angemerkt, sind dabei alle anderen Geschlechtszuschreibungen intendiert.
6 Linguistics for business BA (L4B) ist ein seit 2014 an der Universität Lodz angebotenes praxisorientiertes Studienfach, vgl. zur Übersicht u. a. Goźdź-Roszkowski, Makowski 2015, 2018, Stawikowska-Marcinkowska 2022, Stawikowska-Marcinkowska, Makowski 2023 u. 2025.

shi, Tichy, Sava 2021, Tichy, Tesch 2021, Tichy 2022, Rada, Lemkecher 2023, Mikołajczyk, Grzeszczakowska-Pawlikowska 2025).

Auf den in diesem Zusammenhang angeführten Begriff *Dritte Mission* von Hochschulen wird international unter anderem auch unter Bezeichnungen wie *Third Stream Activity* (UK), *Communities Engagement* (Australien) oder gesellschaftliches Engagement (Deutschland) bereits seit gut 40 Jahren die Aufmerksamkeit gerichtet (vgl. Roessler 2015: 46, siehe auch Henke, Pasternack, Maassen et al. 2019, Spiel et al. 2020, Graf et al. 2021, Haj Taieb 2024). Demnach tragen Hochschulen als Impulsgeber und Mitgestalter »von gesellschaftlichen, wirtschaftlichen und technologischen Entwicklungen [...] gesellschaftliche Verantwortung in all ihren Leistungsbereichen«[7]. Als »Querschnittsthema« soll die Dritte Mission »Aufgaben und Verantwortungen aller Universitäten [...] im Bereich des Austauschs mit Gesellschaft und Wirtschaft« umfassen[8]. Gemeint seien hierbei insbesondere Ausrichtungen wie Wissens- und Technologietransfer, Weiterbildung und lebensbegleitendes Lernen sowie soziales Engagement in Verbindung mit regionalen Gegebenheiten, in einem erweiterten Verständnis aber auch partizipative Konzepte in Lehre und Forschung (z. B. *Citizen Science*) oder Aspekte wie »sozial verantwortliche«, »regional engagierte« oder »unternehmerische« Universität[9].

Auch in Polen wird die Dritte Mission von Universitäten seit mehreren Jahren im Rahmen eines öffentlichen sowie wissenschaftlichen Diskurses in den Blick genommen und bedeutet neben Forschung und Lehre die immer relevanter werdende Zusammenarbeit der Hochschulen mit ihrem sozialen und wirtschaftlichen Umfeld. Im Hinblick auf den Forschungsgegenstand der vorliegenden Studie lassen sich bei Betrachtung der einschlägigen Literatur stark konträre und nicht selten gegenpolige Standpunkte isolieren. Zum einen bedeute die ganzheitliche Orientierung der Universität auf die Ausbildung berufsbezogener Fähigkeiten und somit der Verzicht auf Lehre und Bildung (*education*) zugunsten des Instruierens (*training*) nach Sławek (2002) »den Verlust der Autonomie der Hochschule zugunsten marktgestalterischer konzerneigener Strukturen sowie die Beraubung der Gesellschaft der Kraft kritischer Reflexion zukünftiger Bürger« (Sławek 2002: 27[10]). Auf der anderen Seite kann als Weg zur Bewältigung der außerschulischen Berufswirklichkeit die enge Zusammenarbeit

---

7 https://www.bmbwf.gv.at/Themen/HS-Uni/Hochschulgovernance/Leitthemen/Dritte-Mission.html (01.10.2024).
8 https://www.bmbwf.gv.at/Themen/HS-Uni/Hochschulgovernance/Leitthemen/Dritte-Mission.html (01.10.2024).
9 https://www.bmbwf.gv.at/Themen/HS-Uni/Hochschulgovernance/Leitthemen/Dritte-Mission.html (01.10.2024).
10 Falls nicht anders angemerkt, stammen sämtliche Übersetzungen im vorliegenden Band von A.S.M./J.M.

von Bildungseinrichtungen mit verschiedenen Partnern – seien es die zukünftigen Arbeitgeber wie auch die Lernenden selbst – »originelle, innovative und/ oder zeitgemäß maßgeschneiderte didaktische Lösungen in Form von Lehrprogrammen, -methoden, -mitteln oder -techniken mit sich bringen« (Sowa, Mocarz-Kleindienst, Czyżewska 2015: 9–10, vgl. hierzu Makowski 2018c: 69–72). In diesem Kontext kann in der einschlägigen Literatur innerhalb des letzten Zeitraums eine Vielzahl von explizit genannten oder implizierten Herausforderungen, Chancen und Folgen der Dritten Mission isoliert werden. Darunter finden sich Aspekte wie etwa die immens wachsende Nachfrage nach Studierenden und Absolventen von philologischen Studienrichtungen auf dem Markt moderner Unternehmensdienstleistungen, die Notwendigkeit der Isolierung besonders relevanter Wissensbereiche und Kompetenzen, Fragen nach der Rolle von Fremd- und Fachsprachen in beruflichen Kontexten unter forschungsbezogenen, propädeutischen, curricularen sowie didaktischen Aspekten, Einfluss der Zusammenarbeit mit dem sozio-wirtschaftlichen Umfeld als Faktor bei der Akkreditierung von Studiengängen, wachsende Zahl von Initiativen seitens Hochschulen in Zusammenarbeit mit Unternehmen wie Forschungsprojekte und -initiativen, curriculare Vorschläge und Modifikationen, neue und/ oder modifizierte Studiengänge, Spezialisierungsmodule, Fortbildungskurse, Sprachkursangebote, Lehrmaterialien etc. Ebenfalls werden Fragestellungen etwa nach der Entwicklung der fachkommunikativen Kompetenz auf der Grundlage von Teilfertigkeiten, dem Unterricht und Erwerb von Fremd- und Fachsprachen zu beruflichen Zwecken, der inhaltlichen Ausrichtung und Modifizierung arbeitsmarktorientierter Curricula sowie der Aus- und Weiterbildung von Lehrern im Bereich der Fremd- und Fachsprachendidaktik für berufsbezogene Zwecke berührt (Stawikowska-Marcinkowska, Makowski 2023a: 226, zur Übersicht vgl. Sowa, Mocarz-Kleindienst, Czyżewska 2015, Szczęk, Kałasznik 2016a u. b, Szczęk 2019a u. b, Sowa 2020, Kic-Drgas, Woźniak 2020 u. 2022, Kic-Drgas 2022, Grzybowska 2024, Szerszeń, Wolski, Efing 2024). Dabei wird auf eine Vielzahl von externen sowie internen Faktoren verwiesen, wie etwa die aktuell geltenden Rechtsregelungen wie das Hochschulgesetz, die Qualifikationsrahmen für Studienprogramme oder die jeweilige Hochschulsatzung, des Weiteren auch das Profil, Form sowie Programm der jeweiligen Studienrichtung, das soziale und wirtschaftliche Umfeld der Universität sowie die Motivation der Lernenden (vgl. hierzu Kic-Drgas 2017: 135). Von Belang ist ferner die Tatsache, dass unter den Voraussetzungen für die Gestaltung eines Fachsprachenunterrichts außer institutionellen Faktoren eine wesentliche Rolle den Lernenden als Partnern des didaktischen Prozesses sowie die Profilierung der Sprach- bzw. der Fachsprachenlehrer zugeschrieben werden sollte (vgl. Gajewska, Sowa 2014: 83–111).

Die Betrachtung der Dynamik der globalen und lokalen wirtschaftlichen Umgebung im Allgemeinen wie auch der Branche moderner Unternehmensdienstleistungen (*Business Services*) im Detail führt zu der These, dass aus der Perspektive des Lernenden die Ausbildung eines relativ engen Fähigkeiten- und Kompetenzspektrums im Kontext aktueller Trends und akuter, konkret festgelegter Anforderungen seitens des Arbeitsmarktes bei der Konzipierung eines Fachsprachenunterrichts ungünstig erscheinen mag. Zukunftsträchtiger und profitabler für die Lerner scheint hierbei »eine multikontextuelle und multiperspektivische Bildung« sowie die Ausbildung von Attributen, die den Lernern Flexibilität sowie eine schnelle Anpassung an die stets wechselnden Bedingungen und Anforderungen des Arbeitsmarktes sowie häufige freiwillige oder auch notwendige Personalfluktuationen durch Branchen- oder Abteilungs-/Stellenwechsel sichert (vgl. Makowski 2018c: 71–72). Für eine erfolgreiche Unterrichtsplanung eines Fremd- und/ oder Fachsprachenkurses für berufliche Zwecke wäre somit die Berücksichtigung von universellen (transversalen) sowie linguistischen Teilkompetenzen und damit die Entwicklung der fachkommunikativen Kompetenz in Anlehnung an eine breite Palette von Teilkompetenzen in Verbindung mit dem Einsatz von wenn möglich authentischem oder praxisnahem Lehrmaterial aus den zu erlernenden Wissensbereichen. Damit gemeint ist unter anderem die Rezeption sowie Produktion von situationsspezifischen Fachtextsorten, effizienter und zweckmäßiger Einsatz weit gefasster Zukunftskompetenzen (*Future Skills*) und moderner Technologien wie etwa *Eye-Trecking*, *CAT*-Software (*Computer Assisted Translation*) zur computergestützten Übersetzung oder Terminologiemanagement, digitale Fachwörterbuchprojekte oder didaktische Plattformen, Förderung der individuellen Mehrsprachigkeit wie auch Ausbildung weit gefasster kommunikativer, multimedialer, interkultureller wie projektorientierter Schlüsselfähigkeiten und -kompetenzen (vgl. hierzu u. a. Baumann 2000, 2016, Grucza, Alnajjar 2015, Szczęk, Kałasznik 2016a und b, Makowski 2018c: 71–72, 2018a u. b., 2022a, Kujawa 2020, 2022, Plęs 2022, Hanus, Kaczmarek 2022, Stawikowska-Marcinkowska 2022, Smuk, Grabowska, Sowa 2023, Stawikowska-Marcinkowska, Makowski 2023a und b, Szerszeń, Wolski, Efing 2024, Łuczak 2025).

1.2 Zielsetzung, Fragestellung, Arbeitsthesen

Für die bestmögliche Ausrichtung und Anpassung der Lerninhalte an die aktuell herrschenden Arbeitsmarktbedingungen und -anforderungen, auf der anderen Seite aber auch das didaktische Potenzial der jeweiligen Bildungsinstitutionen sowie die Anforderungen, Motivation und Lernmöglichkeiten der Lernenden selbst, empfiehlt sich eine regelmäßige Überprüfung der bei der Unterrichtsgestaltung zu berücksichtigenden externen und internen Variationsparameter. Der vorliegende Band behandelt die berufskommunikative und fachsprachendidaktische Spezifik der Outsourcing-Branche in Polen aus der Perspektive der angewandten Linguistik. Ziel und Gegenstand der Studie ist die Darstellung und Erörterung möglicher Forschungsansätze, -methoden und Herangehensweisen an das weit gefasste Phänomen der beruflichen Fachkommunikation innerhalb eines Wirtschaftssektors, dessen Entwicklungsdynamik in der Geschichte Polens in den vergangenen zwei Jahrzehnten ihres Gleichen sucht. Die empirische Fundierung bilden hierbei die Forschungsergebnisse einer im Zeitraum 2014–2024 unter der Bezeichnung Sprachenbarometer Lodz[11,12] realisierten Langzeitstudie, deren globales, genuines Untersuchungsziel in der Erhebung, Analyse sowie einem synchronen und diachronen Vergleich diverser den Markt für moderne Unternehmensdienstleistungen betreffender Daten besteht, um auf dieser Basis für den Prozess des berufsbezogenen Fremd- und Fachsprachenunterrichts und -erwerbs relevante subjektive sowie objektive Variationsparameter zu isolieren und zu ermitteln. Im Sinn der im Vorhergehenden umrissenen Ziele der Dritten Mission von Hochschulen sowie der Wege zur Bewältigung der außerschulischen Berufswirklichkeit durch eine möglichst enge Zusammenarbeit von Bildungsinstitutionen mit verschiedenen Partnern wie etwa Vertretern des sozio-wirtschaftlichen Umfelds sowie diversen Gruppen von Lernenden erfolgt die Datenerhebung und -analyse in drei globalen Zielrichtungen:

- soziales und wirtschaftliches Umfeld, mit besonderer Berücksichtigung der Wirtschaftssparte moderner Unternehmensdienstleistungen mit institutioneller sowie individueller Schwerpunktsetzung,
- Bildungseinrichtungen auf akademischer Stufe,
- Fremd- und Fachsprachenlernende, darunter Abiturienten, Hochschulkandidaten, Studierende, Hochschulabsolvierende, Aus(zu)-, Fort- und Weiterbildende im Prozess des Fremd- und Fachsprachenerwerbs zu beruflichen Zwecken (vgl. Makowski 2018c: 80–81).

Im Laufe der realisierten Untersuchungen im Rahmen des Sprachenbarometers Lodz im Zeitraum 2014–2024 fokussierte sich die Fragestellung in erster Linie auf die Beschäftigungsstruktur der Unternehmen in Bezug auf die Fremdsprachenkenntnisse von Angestellten, die bedienten Geschäftsprozesse sowie die

---

11 Projektbezeichnung als *Sprachenbarometer Lodz*, ggf. *Lodzer Sprachenbarometer* (en. *The Language Barometer of Lodz*, pl. *Językowy barometr Łodzi*), vgl. https://jezykowybarometr.wixsite.com/lodz (01.10.2024).

12 Die Stadt Lodz (auch de. *Lodsch*, pl. *Łódź*) gehört mit über 652.000 Einwohnern als viertgrößte Stadt Polens neben Warschau (pl. *Warszawa*), Krakau (pl. *Kraków*), Breslau (pl. *Wrocław*), Posen (pl. *Poznań*), der Dreistadt Danzig, Gdingen und Zoppot (pl. *Trójmiasto Gdańsk, Gdynia, Sopot*) und Kattowitz (pl. *Katowice*) zu den besonders attraktiven regionalen Arbeitsmärkten und ist derzeit einer der sechs am weitesten entwickelten Standorte der Outsourcing-Branche in Polen, vgl. https://lodz.stat.gov.pl/ (01.10.2024), ABSL 2023: 12, 75, siehe hierzu Kap. 3.

Zukunftsperspektiven und den Bedarf nach Kandidaten mit bestimmten Fremdsprachen(kombinationen) im Kontext eines eventuellen personellen Ausbaus des Unternehmens. Gefragt wurde ebenfalls nach den Anforderungen gegenüber Angestellten und Kandidaten im Hinblick auf Kriterien wie Ausbildung, Berufserfahrung, starke oder weiche Kompetenzen, Einsatzbereiche von Fremd- und Fachsprachen zu beruflichen Zwecken wie besonders geforderte Sprachfertigkeiten oder fachkommunikative Situationskontexte, unternehmensinternen allgemeinen und berufsorientierten fremdsprachlichen Aus- und Weiterbildung von Angestellten. Die Beantwortung der innerhalb der jeweiligen Teilstudie des Sprachenbarometers aufgestellter Forschungsfragen ermöglichte in Bezug auf den Gegenstand des vorliegenden Bands – die berufs- und fachkommunikative Spezifik der Outsourcing-Branche in Polen – die Ausformulierung bestimmter Arbeitsthesen und Zwischenergebnisse wie unter anderem:

- bei den Angestellten sowie geforderten Kandidaten handelt es sich meist um mehrsprachige Personen mit guten bis sehr guten Englischkenntnissen nach dem Mehrsprachigkeitsprinzip »Englisch + weitere (Fremd)sprache(n)«,
- neben Englisch als einer obligatorischen Anforderung gehören Deutsch, Französisch, Italienisch und Spanisch zu den am meisten geforderten Sprachen,
- zur Abwicklung berufsbezogener Aufgaben und Geschäftsprozesse werden Sprachen in diversen Einsatz- und Fachbereichen verwendet, die Anforderungen in Bezug auf geforderte Sprachfertigkeiten, zu bewältigende berufskommunikative Kontextsituationen und einzelne Fachbereiche von Einzelfall zu Einzelfall können stark variabel sein,
- die Dynamik des Sektors moderner Unternehmensdienstleistungen resultiert mit einer hohen Anzahl von Personalfluktuationen.

Vor dem Hintergrund einer globalen Betrachtung der berufskommunikativen und fachsprachendidaktischen Spezifik und Entwicklungsdynamik der Branche moderner *Business Services* in Polen in dem vergangenen Zeitraum aus der Perspektive der realisierten Untersuchungen im Rahmen der Langzeituntersuchung Sprachenbarometer Lodz bietet der vorliegende Band auch den Einblick in die detaillierten Ergebnisse und Datenmaterial der aktuellsten abgeschlossenen Barometerstudie zur individuellen und institutionellen Mehrsprachigkeit innerhalb einer gewählten Probandengruppe im Rahmen eines Dienstleistungsunternehmens im Outsourcing-Sektor. Das erste Forschungsziel der Sprachenbarometer Lodz 2023 Detailstudie ist auf die Erhebung, Analyse und Vergleich von Daten zum individuellen und institutionellen Einsatz von Fremd- und Fachsprachen innerhalb eines Outsourcing-Unternehmens fokussiert, das zweite Forschungsziel besteht dabei in der Isolierung relevanter Faktoren für den Prozess des Fremd- und Fachsprachenunterrichts und -erwerbs zu beruflichen

Zwecken. Zu den genannten Forschungszielen lassen sich detaillierte Forschungsfragen in Bezug auf die aktuell ausgeführte Tätigkeit wie folgt formulieren:

F1: Wie ist der Ausbildungsstand der Angestellten (Bildungsstufe und abgeschlossene Studienrichtungen)?

F2: Wie ist die Berufserfahrung in der Branche moderner Unternehmensdienstleistungen?

F3: Wie sind die aktuellen Sprachenkenntnisse der Angestellten (Muttersprache(n), Fremdsprachen, Kompetenzniveaus)?

F4: Wie ist die Rolle und Einsatz der jeweiligen Einzelsprachen zu beruflichen Zwecken nach Sprachfertigkeiten (Hören, Lesen, Sprechen und Interaktion, Schreiben, Übersetzen)?

F5: Wie ist die Rolle und Einsatz der jeweiligen Einzelsprachen zu beruflichen Zwecken nach Geschäftsprozessen (Fachbereiche, Fachsprachen, Fachtextsorten)?

F6: Ob und in welchem Umfang wird eine unternehmensinterne allgemeine und berufsorientierte fremd- und fachsprachliche Aus- und Weiterbildung von Angestellten angeboten (Lehrstätten und Lehrkräfte, Lernziele und Lerninhalte, Lehrmaterialien, Lernformen, didaktische Hilfsmittel und Medien)?

F7: Ob und in welchem Umfang können kommunikative Hürden am Arbeitsplatz identifiziert werden?

Zielsetzung, Fragestellung, Arbeitsthesen

Lerner
aktuelle Fremdsprachenkenntnisse, Lernmöglichkeiten, Lern- und Berufsziele, Motivation, berufliche Tätigkeit etc.

Didaktische Lösung(en)

Wirtschaft
Fremdsprachenkenntnisse, Fremdsprachenbedarf, Einsatzbereiche, Kernbereiche der Tätigkeit, Entwicklungsprognosen, Personalfluktuation etc.

Hochschule
gesetzliche Regelungen (Hochschulgesetz), Kompetenzrahmen, interne Regelungen, Lehrkräfte, Kooperationspartner, Infrastruktur etc.

Abb. 1. Sprachenbarometer Lodz 2014–2024 – Zielrichtungen der Studie

Forschungsziele

Ziel 1: Erhebung, Analyse und Vergleich von Daten zum individuellen und institutionellen Einsatz von Fremd- und Fachsprachen innerhalb eines Outsourcing-Unternehmens

Ziel 2: Isolierung relevanter Faktoren für den Prozess des Fremd- und Fachsprachenunterrichts und -erwerbs zu beruflichen Zwecken

Forschungsfragen

F1: Ausbildungsstand, **F2**: Berufserfahrung in der Branche moderner Unternehmensdienstleistungen, **F3**: aktuelle Sprachenkenntnisse, **F4**: Rolle und Einsatz der jeweiligen Einzelsprachen zu beruflichen Zwecken nach Sprachfertigkeiten, **F5**: Rolle und Einsatz der jeweiligen Einzelsprachen zu beruflichen Zwecken nach Geschäftsprozessen, **F6**: unternehmensinterne allgemeine und berufsorientierte fremd- und fachsprachliche Aus- und Weiterbildung, **F7**: kommunikative Hürden am Arbeitsplatz

Arbeitsthesen und Zwischenergebnisse

☐ Mehrsprachigkeitsprinzip »Englisch + weitere (Fremd)sprache(n)« ☐ Englischkenntnisse als eine obligatorische Anforderung ☐ Deutsch, Französisch, Italienisch und Spanisch als am meisten eingesetzte Einzelsprachen ☐ Diverse Einsatz- und Fachbereiche ☐ Stark variable Anforderungen in Bezug auf geforderte Sprachfertigkeiten, berufskommunikative Kontextsituationen und einzelne Fachbereiche ☐ Entwicklungsdynamik der Outsourcing-Branche ☐ Personalfluktuationen

Abb. 2. Sprachenbarometer Lodz 2014–2024 – Zielsetzung, Fragestellung, Arbeitsthesen und Zwischenergebnisse

1.3 Forschungsaufriss

Aufbau und Struktur des vorliegenden Bandes determiniert die berufskommunikative und fachsprachendidaktische Spezifik der Outsourcing-Branche in Polen als Forschungsgegenstand sowie die Perspektive der angewandten Linguistik, insbesondere der modernen Fachsprachenforschung und Fachsprachendidaktik, als Forschungsansatz, wie auch das im Rahmen der Studie des Sprachenbarometer Lodz im Laufe der letzten Jahre erarbeitete methodische Repertoire. Vor dem Hintergrund eines kontextuellen Umrisses um die Kooperation der Hochschullandschaften mit ihrem sozio-wirtschaftlichen Umfeld (Kap. 1) wird die Aufmerksamkeit auf die im Zusammenhang mit dem Forschungsgegenstand stehenden berufskommunikativen und fachsprachendidaktischen Dimensionen im Sinn einer terminologischen Klärung und Abgrenzung besonders im Hinblick auf institutionelle Fachkommunikation gerichtet (Kap. 2). In Bezug darauf werden weitergehend Schlüsseldaten zu den globalen und lokalen sozio-wirtschaftlichen Hintergründen und Kontexten des durchgeführten Forschungsvorhabens dargestellt (Kap. 3). Auf dieser Basis wird im folgenden Schritt am Beispiel der Erhebungen des Projekts Sprachenbarometer Lodz im Zeitraum von 2014 bis 2024 die Outsourcing-Branche in Polen im Fokus der Fachsprachenforschung dargestellt, mit besonderer Schwerpunktlegung auf Genese, methodisches Vorgehen, sowie mögliche Wendepunkte und Perspektiven (Kap. 4). In diesem Zusammenhang werden die aktuellen Studienergebnisse zur berufskommunikativen und fachsprachendidaktischen Spezifik der Branche moderner Unternehmensdienstleistungen in Polen am Beispiel der Erhebung von Sprachenbarometer Lodz 2023 vorgestellt (Kap. 5). Im abschließenden Schritt widmet man sich der Auswertung der Forschungsergebnisse sowie Zukunftsperspektiven zu, mit besonderer Berücksichtigung der praktischen Relevanz und Umsetzung der Studienergebnisse (Kap. 6).

1.4 Erwartete Ergebnisse und praktische Relevanz des Forschungsprojekts

Die Palette der Einsatzmöglichkeiten, welche sich aus der Zusammenstellung, Analyse, Auswertung und Vergleich der im Laufe der Erhebungen der Langzeitstudie Sprachenbarometer Lodz 2014–2024 gesammelten Forschungsdaten und -ergebnisse ergeben, ist durchaus weit: von der Isolierung branchenspezifischer Geschäftsprozesse und Fachbereiche, welche aus linguistischer, fremd- oder fachsprachendidaktischer Perspektive weiterverarbeitet werden können, Indizien und Hinweisen für Ausbildungseinrichtungen etwa im Bereich der curricularen Politik oder auch des Arbeitsmarktes und der BPO-Branche selbst etwa im Hinblick auf Beschäftigungs- oder Weiterbildungsstrategien (vgl. hierzu Makowski 2014: 137–138).

Nach dem Prinzip der Erörterung theoretischer Grundlagen über die Darstellung empirischer Forschungsergebnisse bis hin zu Möglichkeiten deren praktischen Anwendung (vgl. Kic-Drgas 2022: 18–20) setzte sich die im Rahmen des vorliegenden Bands durchgeführte und globale und detaillierte exemplarische Datenanalyse zur institutionellen und individuellen Mehrsprachigkeit mit besonderer Berücksichtigung der Einzelsprache **Deutsch** im Einsatz zu beruflichen Zwecken die Aufgabe, ein Kompendium an weit verstandenen guten Praktiken zu modernen Konzepten neuer und zukünftiger Dimensionen berufsorientierter neophilologischer Sprachenausbildung auszuformulieren (vgl. Kap. 6.2). Als wesentlicher Beitrag zu dem im Vorhergehenden erörterten internationalen wissenschaftlichen Diskurs um die Chancen, Herausforderungen und Wendepunkte für die berufliche Positionierung von Philologen in den dynamisch wachsenden internationalen Arbeitsmärkten im Kontext der Dritten Mission von Hochschulen werden damit neue, relevante und empirisch fundierte Impulse, Anregungen und Lösungen vorgeschlagen und zugleich ein Teil der in diesem Bereich nach wie vor bestehenden Forschungslücke gefüllt. In Anlehnung an die formulierten Schlussfolgerungen sowie Hinweise zur praktischen Anwendung der zusammengestellten Forschungsergebnisse wird als abschließender Schritt das fachdidaktische Forschungsprojekt **Germanistik 2.0** als Beispiel für ein praxis- und berufsorientiertes Studienfachkonzept dargestellt und erörtert.

Die Analyse und Bearbeitung der im Rahmen der Erhebung Sprachenbarometer Lodz 2023 erhobenen Daten fokussierte sich im Hinblick auf die Forschungsziele des vorliegenden Bandes in bestimmten Bereichen auf die Einzelsprache Deutsch. Nichtsdestotrotz bietet der vorliegende Band zugleich ein komplett bearbeitetes und in einem berufsbezogenen Kontext als **Dataset** dargestelltes Datenmaterial (vgl. Kap. 5.2) für allerlei weitere mögliche Analyse- und Auswertungsmöglichkeiten.

2. Berufskommunikative und fachsprachendidaktische Dimensionen

2.1 Sprache in Institutionen

Sprache spielt eine entscheidende Rolle in institutionellen Kontexten, da sie als Hauptinstrument der Kommunikation und in der Kommunikation der Verwaltung fungiert. Institutionen, wie Schulen, Gerichte, Regierungsbehörden und Unternehmen, entwickeln spezifische sprachliche Praktiken und Normen, die sowohl die interne als auch die externe Kommunikation prägen. In dieser Abhandlung werden die sprachlichen Besonderheiten in Institutionen und ihre Auswirkungen auf die Interaktion und Organisation untersucht, wobei sich auf die Arbeiten polnischer und deutscher Sprachwissenschaftler bezogen wird.

Institutionelle Sprache ist durch formelle, standardisierte und oft bürokratische Ausdrucksweisen gekennzeichnet. Diese Form der Sprache dient der Klarheit, Präzision und Effizienz in der Kommunikation (vgl. Hohenstein, Hornung 2022). Laut Jürgen Habermas (1981: 94) sind »institutionelle Sprachpraktiken entscheidend für die Aufrechterhaltung von Ordnung und Rationalität innerhalb von Institutionen«. Er betont, dass die Sprache in Institutionen dazu beiträgt, Machtstrukturen und soziale Hierarchien zu etablieren und zu festigen.

Jan Grzenia (2006: 47) weist darauf hin, dass »die institutionelle Sprache nicht nur ein Mittel der Kommunikation, sondern auch ein Werkzeug der sozialen Kontrolle und Verwaltung ist«. Er unterstreicht die Rolle der Sprache bei der Schaffung und Aufrechterhaltung institutioneller Normen und Werte.

2.1.1 Sprachliche Besonderheiten in verschiedenen Institutionen

Der gesellschaftliche Wandel von einsprachig geprägten Nationalstaaten zu vielsprachig durchsetzten multikulturellen Gesellschaften Ende des 20. Jahrhunderts hat bislang nicht dazu geführt, dass mehrsprachige Praxen in Institutionen selbstverständlich wären. Institutionen sind von Einsprachigkeit durchdrungen, obgleich ihre zunehmend mehrsprachigen Kunden (Klienten) sowie die Mitarbeitenden, die »Agenten« der Institution im funktional-pragmatischen Sinn, zu einer veränderten gesellschaftlichen Konstellation beitragen (vgl. Hohenstein, Hornung 2022: 9). Institutionen – von der Schule über Behörden und Organisationen bis hin zur Gesundheitsversorgung – stellen gesellschaftliche Apparate dar, die ein Potenzial haben, mehrsprachige Praxen zu implementieren oder aber monolinguale Praxen zu verstetigen (vgl. ebd.).

2.1.2 Schulen und Bildungseinrichtungen

In Schulen und Universitäten dient die Sprache nicht nur der Wissensvermittlung, sondern auch der sozialen und disziplinarischen Ordnung. Heinz Vater (1992: 23) argumentiert, dass »die pädagogische Sprache durch ihre didaktische Funktion geprägt ist, die darauf abzielt, komplexe Informationen verständlich und zugänglich zu machen«. Piotr Żmigrodzki (2010: 58) ergänzt, dass »die Sprache in Bildungseinrichtungen auch eine soziale Funktion hat, indem sie die Beziehung zwischen Lehrern und Schülern sowie zwischen Schülern untereinander reguliert«.

2.1.3 Rechtliche Institutionen

Die Sprache der rechtlichen Institutionen ist ein zentrales Element des Rechtssystems und fungiert als Mittel zur Vermittlung von Gesetzen, Verordnungen und juristischen Entscheidungen. Sie stellt hohe Anforderungen an Präzision, Klarheit und Eindeutigkeit und ist daher oft Gegenstand intensiver wissenschaftlicher Untersuchungen.

Die Rechtssprache ist gekennzeichnet durch ihre spezielle Terminologie und Struktur. Nach Konrad Ehlich (1999) weist sie eine hohe Dichte an Fachbegriffen, komplexen Satzstrukturen und eine formale Ausdrucksweise auf. »Die juristische Sprache ist durch ihre Präzision und formale Strenge gekennzeichnet, was notwendig ist, um rechtliche Klarheit und Verbindlichkeit zu gewährleisten« (Schubert 2007: 102). Dies dient dazu, Rechtsnormen so präzise wie möglich zu formulieren, um Missverständnisse zu vermeiden und die Anwendung der Gesetze einheitlich zu gewährleisten.

Die Rechtssprache zeichnet sich durch eine besondere Terminologie, komplexe Satzstrukturen und formale Ausdrucksweisen aus. Laut Dietrich Busse (vgl. 1992) ist die Rechtssprache durch ihre Normorientierung und institutionelle Einbettung geprägt. Sie ist darauf ausgelegt, allgemeingültige Aussagen zu treffen und Klarheit in rechtlichen Zusammenhängen zu gewährleisten. Dadurch unterscheidet sich die Rechtssprache deutlich von der Alltagssprache.

Juristische Institutionen nutzen die Rechtssprache, um Gesetze, Verordnungen und Urteile zu formulieren. Lothar Hoffmann (1985) betont, dass der Fachjargon der Rechtssprache nicht nur der Präzisierung, sondern auch der Abgrenzung dient. Er ermöglicht es Fachleuten, rechtliche Sachverhalte exakt zu kommunizieren, schafft jedoch gleichzeitig eine Barriere für Nicht-Juristen. Diese Barriere kann dazu führen, dass die Bürger Schwierigkeiten haben, juristische Dokumente zu verstehen, was wiederum das Vertrauen in das Rechtssystem beeinträchtigen kann. Die Komplexität der Rechtssprache wird oft kritisiert. Susanne Günthner (1997: 98) stellt fest, dass juristische Texte häufig durch »übermäßig lange Sätze, Nominalisierungen und eine dichte Terminologie« gekennzeichnet sind. Dies führt zu Verständlichkeitsproblemen, insbesondere für Menschen ohne juristische Ausbildung. Um diesem Problem entgegenzuwirken, gibt es Bestrebungen, die Rechtssprache zugänglicher zu gestalten, ohne dabei an Präzision einzubüßen (vgl. Stawikowska-Marcinkowska 2020).

2.1.4 Regierungsbehörden und Verwaltung

In Regierungsbehörden und der öffentlichen Verwaltung dient die Sprache der effizienten und transparenten Kommunikation. Max Weber (1922: 218) hob hervor, dass »die bürokratische Sprache durch ihre Standardisierung und Formalität gekennzeichnet ist, was zur Effizienz und Unpersönlichkeit der Verwaltung beiträgt«.

Andrzej Bogusławski (1986: 89) ergänzt, dass »die Verwaltungssprache oft schwer verständlich und unzugänglich für Bürger ist, was die Kommunikation und das Vertrauen zwischen Bürgern und Behörden beeinträchtigen kann«. In den letzten Jahren hat sich durch die Digitalisierung und den vermehrten Einsatz von E-Government-Anwendungen die Sprache der Verwaltung weiterentwickelt. Es wird vermehrt Wert auf klare, verständliche und zugängliche Formulierungen gelegt, wie es von Ulrich Ammon (2015) in seinen Studien hervorgehoben wird. Diese Entwicklung zielt darauf ab, die Bürgerbeteiligung zu fördern und die Effektivität der Verwaltung zu steigern.

2.1.5 Sprache der Börse

Die Sprache der Börse ist eine hochspezialisierte Form der Fachsprache, die in den Kontexten des Handels mit Wertpapieren, Derivaten und anderen Finanzinstrumenten verwendet wird. Diese Sprache ist durch spezifische Terminologie, Abkürzungen und Fachjargon gekennzeichnet, die präzise und effiziente Kommunikation unter den Akteuren des Finanzmarktes ermöglichen. Wichtige

Elemente der Börsensprache sind technische Begriffe wie *Bullenmarkt* (›ein Markttrend, der durch steigende Preise gekennzeichnet ist‹), *Bärenmarkt* (›ein Markttrend mit fallenden Preisen‹), sowie verschiedene Arten von Aufträgen wie *Limit Order* und *Stop-Loss Order* (vgl. Stawikowska-Marcinkowska 2015). Die Börsensprache spiegelt die Dynamik und Komplexität der Finanzmärkte wider und trägt zur Reduktion von Missverständnissen und zur Erhöhung der Handlungsgeschwindigkeit bei (vgl. Schimank 2000).

Ein weiteres Merkmal der Börsensprache ist die Verwendung von Zahlen und statistischen Indikatoren, die die Marktentwicklung und die Leistung von Finanzinstrumenten beschreiben. Diese Sprache ist nicht nur funktional, sondern auch performativ, da sie Marktbewegungen beeinflussen und Vertrauen schaffen kann (vgl. Langenohl 2008). Die Börsensprache wird als Subsystem des Fachbereichs Finanzwesen eingestuft, das wiederum eine spezielle Form des Sprachkomplexes Wirtschaft darstellt. Die Zugehörigkeit zum Finanzwesen ist durch die traditionellen Instrumente des Börsenhandels deutlich gegeben. Hinter der Geschäftsabwicklung an der Börse versteckt sich der ganze wirtschaftliche Hintergrund des Wertpapiergeschäfts – die betriebsinterne Situation und allgemeine Marktdaten. Einschließen muss man auch das gesellschaftliche Klima und die psychologischen Aspekte des menschlichen Handelns (vgl. Stawikowska-Marcinkowska 2015: 153).

2.1.6 Sprache des EU-Parlaments

Die Sprache des Europäischen Parlaments ist eine vielschichtige und formalisierte Sprache, die zur Regulierung und Steuerung der interinstitutionellen Kommunikation sowie der Kommunikation mit den Bürgern der Europäischen Union dient. Diese Sprache zeichnet sich durch ihre Mehrsprachigkeit aus, da alle Amtssprachen der EU gleichberechtigt verwendet werden, um die demokratische Partizipation und Transparenz zu gewährleisten. Jede Sitzung und jedes Dokument werden in alle Amtssprachen übersetzt, was eine komplexe logistische und sprachliche Herausforderung darstellt (vgl. Stefaniak 2013).

Die Sprache des EU-Parlaments umfasst auch eine spezifische Terminologie und Phraseologie, die durch die rechtlichen, politischen und administrativen Kontexte der EU geprägt ist. Begriffe wie *Subsidiarität*, *Kohäsionspolitik* und *Binnenmarkt* sind zentrale Bestandteile dieser Fachsprache und spiegeln die institutionellen und politischen Besonderheiten der EU wider (vgl. Phillipson 2003). Diese Sprache dient der Schaffung eines kohärenten und verständlichen rechtlichen Rahmens, der für alle Mitgliedstaaten und deren Bürger nachvollziehbar ist.

Ein weiteres Charakteristikum der Sprache des EU-Parlaments ist die formale und diplomatische Ausdrucksweise, die auf Konsensbildung und Konfliktvermeidung abzielt. Reden und Dokumente sind oft durch komplexe Satzstrukturen und höfliche Formulierungen gekennzeichnet, die die multinationale und multikulturelle Natur der EU berücksichtigen (vgl. Wodak 2011).

Die institutionelle Sprache hat tiefgreifende Auswirkungen auf die Interaktion und Organisation innerhalb und außerhalb der Institutionen. Sie beeinflusst, wie Informationen vermittelt und interpretiert werden, wie Macht und Autorität ausgeübt werden und wie Beziehungen zwischen verschiedenen Akteuren gestaltet werden.

Laut Peter Auer (1999: 73) »formt die institutionelle Sprache die Kommunikationsstrukturen und -prozesse innerhalb von Institutionen und trägt zur Schaffung einer spezifischen institutionellen Identität bei«. Jerzy Bartmiński (2001: 120) betont, dass »die Art und Weise, wie Sprache in Institutionen verwendet wird, auch das Vertrauen und die Wahrnehmung von Legitimität und Gerechtigkeit beeinflusst«.

Sprache in Institutionen ist ein komplexes und vielschichtiges Phänomen, das entscheidend für das Funktionieren und die Effizienz dieser Einrichtungen ist. Die Untersuchung der institutionellen Sprache offenbart, wie tief verwurzelt sprachliche Praktiken in den Strukturen und Prozessen von Institutionen sind und wie sie zur Aufrechterhaltung von Ordnung, Autorität und sozialer Kontrolle beitragen (zur Übersicht vgl. auch Makowski 2013, 2022b).

2.1.7 Sprache in internationalen Unternehmen

Die Rolle von Sprachen in internationalen Unternehmen ist ein bedeutendes Forschungsfeld in der Sprachwissenschaft und Organisationsforschung. In globalisierten Märkten, in denen Unternehmen weltweit operieren, ist die sprachliche Kommunikation ein entscheidender Faktor für den geschäftlichen Erfolg. Die wissenschaftliche Untersuchung dieses Themas beleuchtet sowohl die Herausforderungen als auch die strategischen Implikationen der Mehrsprachigkeit in multinationalen Unternehmen. Ulrich Ammon und Jürgen Bolten haben wesentlich zur Erforschung der Mehrsprachigkeit in Unternehmen beigetragen. Ammon (2015) hebt in seinen Arbeiten die zunehmende Bedeutung des Englischen als *Lingua franca* in internationalen Unternehmen hervor. Er weist jedoch auf die Risiken hin, die mit der Dominanz des Englischen und der Verdrängung nationaler Sprachen einhergehen, insbesondere auf mögliche Identitätsverluste und Kommunikationsbarrieren, die entstehen können, wenn nicht alle Mitarbeitenden über die gleichen Englischkenntnisse verfügen (Ammon 2015: 218–220).

Jürgen Bolten (2007) untersucht in seiner Forschung die interkulturelle Wirtschaftskommunikation und zeigt, dass die Wahl der Unternehmenssprache nicht nur der Verständigung dient, sondern auch strategische Ziele verfolgt, etwa die Kontrolle von Informationen und die Gestaltung von Machtstrukturen innerhalb des Unternehmens. Bolten argumentiert, dass die Einführung einer einheitlichen Unternehmenssprache – häufig Englisch – einerseits Effizienzvorteile bietet, andererseits jedoch zu Spannungen und Missverständnissen führen kann, wenn sprachliche und kulturelle Unterschiede nicht angemessen berücksichtigt werden (Bolten 2007: 33–36).

Die Sprache in Konzernen ist eine unternehmensspezifische Fachsprache, die zur Steuerung der internen und externen Kommunikation verwendet wird. Diese Sprache ist durch ihre funktionale und strategische Ausrichtung geprägt, die auf Effizienz, Präzision und Klarheit abzielt. Die Unternehmenssprache umfasst spezifische Terminologien und Jargons, die die jeweiligen Branchen und Geschäftsbereiche reflektieren (vgl. Vossen 2010). Sie ist stark von Managementtheorien und -praktiken beeinflusst und dient der Vermittlung von Unternehmensstrategien, -zielen und -werten. Sie ist häufig durch eine performative Komponente gekennzeichnet, da sie dazu dient, Mitarbeiter zu motivieren, Unternehmensidentität zu stiften und eine positive Außenwirkung zu erzeugen. Die Verwendung von Slogans, Mission Statements und Leitbildern ist ein typisches Merkmal dieser Sprache (vgl. Cornelissen 2017).

Ein weiteres Merkmal der Konzernsprache ist die Standardisierung und Formalisierung von Kommunikationsprozessen. Dies zeigt sich in der Verwendung von Unternehmenshandbüchern, Richtlinien und Standard Operating Procedures (SOPs), die die konsistente und regelkonforme Kommunikation innerhalb des Unternehmens gewährleisten sollen. Gleichzeitig wird die Sprache in Konzernen durch den Einsatz von Informations- und Kommunikationstechnologien (IKT) geprägt, die neue Formen der digitalen Kommunikation und Zusammenarbeit ermöglichen (vgl. Krotz 2007).

Anna Duszak (2002) befasst sich in ihrer Forschung mit der Sprachpolitik und -ideologie in multinationalen Unternehmen und analysiert, wie Sprachen als Instrumente zur Schaffung und Aufrechterhaltung von Machtstrukturen innerhalb von Organisationen eingesetzt werden. Duszak betont, dass die Präferenz für eine einheitliche Unternehmenssprache wie Englisch zu einer Marginalisierung anderer Sprachen und Kulturen führen kann und die interne Kommunikation und Zusammenarbeit beeinträchtigt (Duszak 2002: 17–20).

Kamińska-Radomska (2020) untersucht die sprachlichen Herausforderungen für polnische Arbeitnehmer in multinationalen Unternehmen, insbesondere in Hinblick auf die Anpassung an unterschiedliche kulturelle und sprachliche Normen. Sie stellt fest, dass die Sprachkompetenzen der Mitarbeitenden entscheidend sind für ihre Integration und ihren Erfolg in internationalen Teams.

Sie schlägt vor, dass Unternehmen gezielte Sprachtrainings und interkulturelle Schulungen anbieten sollten, um Missverständnisse zu reduzieren und die Zusammenarbeit zu verbessern.

Darüber hinaus hebt Bogusławska-Tafelska (2013) die Bedeutung einer ganzheitlichen Sprachpolitik hervor, die nicht nur Englisch als dominierende Geschäftssprache berücksichtigt, sondern auch die sprachliche Vielfalt innerhalb eines Unternehmens anerkennt. Sie argumentiert, dass die Förderung einer mehrsprachigen Unternehmenskultur positive Auswirkungen auf die Mitarbeitermotivation und die Innovationsfähigkeit haben kann, da sie die unterschiedlichen sprachlichen und kulturellen Kompetenzen der Belegschaft einbezieht (Bogusławska-Tafelska 2013: 102–104). Eine weitere wichtige Perspektive liefert Heike K. Proff (2018), die auf die praktischen Herausforderungen der sprachlichen Vielfalt in multinationalen Unternehmen hinweist. Diese Herausforderungen umfassen Missverständnisse in der Kommunikation, höhere Kosten für Übersetzungen und Schulungen sowie die Notwendigkeit, die sprachlichen Kompetenzen der Belegschaft kontinuierlich zu fördern. Proff argumentiert, dass eine gezielte Sprachpolitik notwendig ist, um die interne Kommunikation zu verbessern und die Integration internationaler Teams zu fördern (Proff 2018: 45–48).

Feely und Karzing (2019) konzentrieren sich auf Strategien zur Implementierung einer effektiven Sprachpolitik in internationalen Unternehmen. Sie identifizieren mehrere Ansätze zur Überwindung von Sprachbarrieren, darunter gezielte Sprachausbildung, die Rekrutierung mehrsprachiger Mitarbeitender und die Entwicklung mehrsprachiger Dokumentationssysteme. Sie betonen auch die Bedeutung der »linguistischen Landschaft« innerhalb von Unternehmen, in der sowohl formelle als auch informelle Sprachpraktiken das soziale Gefüge und die Unternehmenskultur prägen.

2.1.8 Sprache in Institutionen und Globalisierung

Die Sprache spielt eine zentrale Rolle in institutionellen Kontexten und beeinflusst maßgeblich die Art und Weise, wie Kommunikation und Verwaltung innerhalb von Institutionen stattfinden. Mit der zunehmenden Globalisierung erfahren diese sprachlichen Praktiken und Normen tiefgreifende Veränderungen. Im Folgenden werden die Wechselwirkungen zwischen der Sprache in Institutionen und den Prozessen der Globalisierung gezeigt, wobei sowohl die theoretischen Grundlagen als auch spezifische Fallbeispiele aus verschiedenen Institutionen beleuchtet werden.

Die Globalisierung führt zu einer erhöhten Mobilität von Arbeitskräften über nationale Grenzen hinweg, was die institutionelle Sprache beeinflusst. Ulrich

Beck beschreibt diese Entwicklung als »den Übergang zu einem globalen Arbeitsmarkt, in dem Arbeitskräfte zunehmend international rekrutiert und eingesetzt werden« (Beck 2000: 142). Dies erfordert von Institutionen, mehrsprachige und kulturell diverse Kommunikationsstrategien zu entwickeln.

Helmut Schmidt (2001) betont, dass »die Globalisierung den freien Fluss von Kapital, Gütern und Dienstleistungen über Grenzen hinweg ermöglicht, was zu einem globalen Wirtschaftsboom geführt hat« (Schmidt 2001: 78). Diese wirtschaftlichen Veränderungen erfordern eine Anpassung der Sprache in Institutionen, um die neuen Realitäten und Anforderungen abzubilden.

Die Verbreitung neuer Technologien beschleunigt die Globalisierung und verändert die Kommunikationspraktiken in Institutionen. Horst Siebert betont, dass »die Globalisierung die Verbreitung neuer Technologien beschleunigt und somit die Nachfrage nach hochqualifizierten Arbeitskräften erhöht« (Siebert 2007: 103). Institutionen müssen ihre Sprachpraktiken an die digitale Kommunikation anpassen, um effizient und zeitgemäß zu bleiben.

Die Globalisierung hat signifikante Auswirkungen auf die Verwendung von Sprache in Institutionen weltweit. Durch die zunehmende Vernetzung in Wirtschaft, Kultur und Politik gewinnt die sprachliche Dimension immer mehr an Bedeutung. Die englische Sprache hat sich in den letzten Jahrzehnten als die dominierende Sprache in globalen Institutionen etabliert. Dies ist auf die historische und ökonomische Stellung des englischsprachigen Raums sowie auf die expansive Verbreitung durch digitale Technologien zurückzuführen (Korz 2019). Englisch fungiert als *Lingua franca* in zahlreichen internationalen Organisationen, wie den Vereinten Nationen und der Europäischen Union, wo es als Hauptkommunikationsmittel dient. Diese Dominanz wird durch die steigende Anzahl von Menschen, die Englisch als Zweitsprache erlernen, weiter verstärkt. Dies führt zu einer globalen Anglisierung, die die linguistische Landschaft erheblich verändert (Limbach 2008).

Während die Dominanz des Englischen in vielen Bereichen Effizienz und eine einheitliche Kommunikation ermöglicht, hat sie auch erhebliche Auswirkungen auf die sprachliche Vielfalt. Wissenschaftliche Studien zeigen, dass die Verdrängung lokaler Sprachen durch die Vorherrschaft des Englischen die kulturelle Identität und Traditionen beeinflusst (Vilmar 2003). Dies kann zur Marginalisierung weniger verbreiteter Sprachen führen, was langfristig zu einem Verlust kultureller Ausdrucksformen und lokaler Wissenssysteme führen könnte.

Dennoch gibt es in vielen Institutionen Bemühungen, Mehrsprachigkeit zu fördern. Mehrsprachigkeit wird als wichtige Kompetenz angesehen, um die interkulturelle Kommunikation zu verbessern und die Inklusion in internationalen Gremien zu fördern (Straubhaar 2012). Studien belegen, dass Institutionen, die eine mehrsprachige Umgebung unterstützen, oft von einer höheren Innovationskraft und einer stärkeren kulturellen Diversität profitieren, was zu einer besseren Entscheidungsfindung und internationalen Zusammenarbeit führt (Schmidt-Carré 2019).

Die sprachliche Homogenisierung durch die Globalisierung hat auch tiefgreifende politische und wirtschaftliche Implikationen. Beispielsweise können Länder, deren Sprachen in internationalen Verhandlungen weniger genutzt werden, in ihren Positionen benachteiligt werden. Diese Ungleichheit kann bestehende Machtverhältnisse weiter zementieren und die globale Ungleichheit verstärken (Reichart 2022). Ökonomisch betrachtet erleichtert die Nutzung einer gemeinsamen Sprache wie Englisch zwar den internationalen Handel, führt jedoch auch zu einer Konzentration von wirtschaftlichem und kulturellem Kapital in englischsprachigen Ländern (Meyer 2010).

Zusammenfassend lässt sich feststellen, dass die Globalisierung die Rolle der Sprache in Institutionen tiefgreifend verändert hat. Während Englisch als globale *Lingua franca* Vorteile für die internationale Kommunikation bietet, bleibt die Förderung von Mehrsprachigkeit wichtig, um die kulturelle Vielfalt und gerechte Teilhabe zu bewahren. Institutionen müssen weiterhin Strategien entwickeln, um sprachliche Diversität zu fördern und die damit verbundenen Herausforderungen zu bewältigen.

2.2 Beruf, Sprache, Kommunikation – Terminologische Bestimmung und Trennung

2.2.1 Fachsprachen

Bis vor kurzem beschränkte sich die Bedeutung von Fachsprachen auf ihre Wahrnehmung als bloße Werkzeuge zur Kommunikation innerhalb verschiedener Gruppen oder vor allem beruflicher Gemeinschaften. Heute wissen wir, dass es ein weitreichendes Missverständnis und eine zu starke Vereinfachung wäre, sie nur auf diese Rolle zu reduzieren. Fachsprachen spielen eine äußerst wichtige Rolle im Konzept der kontinuierlichen Entwicklung der menschlichen Zivilisation, indem sie gewissermaßen ein Zeugnis und Indikator dieses Fortschritts darstellen:

> In den Überlegungen zu sowohl praktischen als auch kognitiven Fachsprachen muss gleichzeitig berücksichtigt werden, dass sie sowohl Produkte als auch Mittel der zivilisatorischen Entwicklung sind, dass sie diese Entwicklung unterstützen, indem sie die Gewinnung neuen Wissens und die Präzisierung bereits erworbenen Wissens ermöglichen sowie die Verbesserung der bestehenden Welt, die bessere Organisation ihrer verschiedenen Bereiche usw. (Grucza 2013: 6).

Daher wird es nicht übertrieben sein zu sagen, dass »[...] der zivilisatorische Fortschritt verschiedener Gemeinschaften oder auch der Menschheit insgesamt von der Intensität des Bedeutungszuwachses und der Verbreitung von Fachsprachen abhängen wird« (Grucza 2013: 6).

Die Ausweitung des internationalen wirtschaftlichen, wissenschaftlichen oder technischen Austauschs wird diesen Prozess zweifellos fördern, wodurch eine zunehmende Tendenz zur Nachfrage nach Fachsprachkenntnissen in verschiedenen sozialen Umfeldern zu beobachten ist. Die Fachsprache ist etwa nach Schulc »eine besondere Form einer Allgemeinsprache, die zur möglichst präzisen Beschreibung eines bestimmten Wissensbereiches geeignet ist«. Die Fachsprache »unterscheidet sich von der überdialektalen Sprache vor allem durch Fachwortschatz, der häufig viele Internationalismen in sich hat, aber auch durch Syntax und Häufung der Verwendung von bestimmten grammatischen Formen« (Szulc 1984: 106–107).

Es ist allgemein anerkannt, dass die Fachsprache sowohl konservativ als auch fortschrittlich ist. Das bedeutet, dass in der Fachsprache viele alte Normen und Regeln bestehen bleiben, die in der allgemeinen Sprache nicht mehr verwendet werden. Gleichzeitig entwickelt die Fachsprache neue Formen und Regeln, um den speziellen Kommunikationsbedürfnissen von Fachleuten gerecht zu werden (vgl. Szurawitzki, Wolf-Farré 2024).

Meist wird der Begriff *Fachsprache* basierend auf der allgemeinen Definition von Hoffmann (1976: 53) behandelt: »Fachsprache ist die Gesamtheit aller sprachlichen Mittel, die in einem fachlich begrenzbaren Kommunikationsbereich verwendet werden, um die Verständigung zwischen den in diesem Bereich tätigen Menschen zu gewährleisten«. Diese Definition betont, dass Fachsprachen spezifische sprachliche Mittel nutzen, die auf die Kommunikation innerhalb bestimmter Fachgebiete zugeschnitten sind. Zusätzlich beleuchten Möhn und Pelka (1984: 26) weitere Aspekte der Fachsprachen, wie deren Verbindung zur Gesamtsprache, die damit verfolgten kommunikativen Ziele und ihre Sprecher. Sie definieren Fachsprache als eine Variante der Gesamtsprache, die der Erkenntnis und der begrifflichen Bestimmung fachspezifischer Gegenstände sowie der Verständigung über diese dient. Fachsprachen sind primär an Fachleute gebunden, jedoch können auch fachlich Interessierte daran teilhaben.

In der Forschungsliteratur gibt es verschiedene Typologien zur Einteilung von Fachsprachen, basierend auf unterschiedlichen Kriterien (vgl. Grucza 2009, Hoffmann 1976, Ischreyt 1965, Roelcke 1999, 2014). Obwohl diese Typologien für unsere weiteren Überlegungen nur eine marginale Rolle spielen, ist es wichtig, die konstituierenden Merkmale von Fachsprachen zu beachten (vgl. Kühtz 2007: 34–36, Hüging 2011: 8f.). Diese Merkmale, insbesondere die sprachlichen Eigenheiten, können für Studierende besondere Herausforderungen darstellen, die einer spezifischen Behandlung bedürfen. Dies könnte unter anderem darauf zurückzuführen sein, dass die allgemeine sprachliche Kenntnis des Deutschen nicht besonders hoch ist (vgl. Szczęk, Kałasznik 2016a u. b, Szczęk 2017, Szczęk, Kałasznik 2017, Szczęk 2019a u. b).

Zentral für die Fachkommunikation ist der Begriff der fachsprachlichen Kompetenz. Diese Kompetenz umfasst unterschiedliche Teilkompetenzen, abhängig davon, ob es sich um Laien oder Experten handelt. Bei Laien umfasst die fachsprachliche Kompetenz keine oder nur geringe fachspezifische, sachliche und sprachliche Kenntnisse und Fertigkeiten. Sie bezieht sich mehr oder weniger auf die übergreifenden fachsprachlichen Besonderheiten einer einzelnen Sprache, wie etwa des Deutschen (Roelcke 2001: 224). Roelcke stellt fest, dass allgemeine Sprachkenntnisse das Fachwissen und die fachsprachliche Kommunikationsweise nicht ersetzen können, jedoch einen Zugang zur fachsprachlichen Kommunikation ermöglichen. Für Experten besteht die fachsprachliche Kompetenz in der Fähigkeit, sich bei fachlichen Äußerungen im Rahmen ihres Faches auf die allgemeine fachkommunikative Kompetenz von Laien einstellen zu können. Diese Kompetenz basiert auf der Kenntnis übergreifender fachsprachlicher Besonderheiten und bezieht auch die spezifischen Merkmale der betreffenden Fachsprache mit ein (Roelcke 2001: 224). Fachsprachen spielen eine zentrale Rolle in der Fachkommunikation, da sie als spezialisierte Varianten der Gesamtsprache zur präzisen Verständigung über fachspezifische Inhalte beitragen. Eine fundierte fachsprachliche Kompetenz ist daher sowohl für Fachleute als auch für fachlich Interessierte notwendig, um in spezialisierten Kontexten erfolgreich kommunizieren zu können. Fachsprachen zeichnen sich durch ihren speziellen Wortschatz aus, der Dinge bezeichnet, für die es in der allgemeinen Sprache keine Begriffe gibt. Auffällig ist die Lexik, die normierte Terminologie der Fachtexte, in denen oft Elemente vorkommen, die in der allgemeinen Sprache selten sind. Substantivierte Infinitive und Zusammensetzungen, die aus drei oder mehr Komponenten bestehen, sind in der Fachsprache weit häufiger als in der allgemeinen Sprache. Die Verben in der Fachsprache weichen stark von denen der allgemeinen Sprache ab, vor allem durch gezielte Präfigierung, insbesondere durch das Präfix *be-* (zum Beispiel *berufen, besitzen, betreiben, beraten* und viele andere). In der fachsprachlichen Lexik zeigt sich auch eine Tendenz zur Ersetzung oder Verkürzung von Fachwörtern. Zur Erweiterung des Fachwortschatzes wird weiterhin die Nutzung gemeinsprachlicher Wörter in neu definierten Bedeutungen verwendet (z. B.: *Eigentum, Besitz, Leihe, Darlehen*), Funktionsverben mit abgeschwächter Bedeutung (z. B.: *erfolgen, sich ergeben*), Substantive und Adjektive mit abstrakter Bedeutung (z. B.: *Beziehung, Vorhang, erheblich, jeweilig*), sekundäre Präpositionen und präpositionale Wortgruppen (z. B.: *mittels, ungeachtet, angesichts, hinsichtlich, aufgrund*), sowie Polymorphien (z. B.: *berechtigt – befugt; Beschuldigte – Angeschuldigte – Angeklagte*). Der Zweck dieser Besonderheiten ist es, die Fachsprache begrifflich zu schärfen und Mehrdeutigkeiten und damit verbundene Missverständnisse zu vermeiden. Charakteristisch für Fachsprachen ist auch die Vorliebe für Verbpartikeln, eigentümliche Verbkomposita und die häufige Verwendung bestimmter Affixe (Hoffman 1987: 57).

Ein wesentlicher Unterschied zwischen allgemeinen Wörtern und Fachwörtern besteht darin, dass die Bedeutung eines allgemeinen Wortes erst durch den Kontext im Wortfeld klar wird, während der Bedeutungsinhalt eines Fachausdrucks durch seine Position im terminologischen System bestimmt wird. Unter morphologischen Gesichtspunkten unterscheiden sich Fachsprachen von der allgemeinen Sprache durch den Übergang von Komposita zu Derivaten, deren Exponent häufig das Morphem *-er* ist (z. B.: *Füller = Füllfederhalter, Bombenflugzeug = Bomber*). Ebenso kommen Verbverbindungen (Verb + Verb, Substantiv + Verb, Adjektiv + Verb) oder andere Zusammensetzungen (Substantiv + Substantiv, Verb + Substantiv, Adjektiv + Substantiv) vor. Auch im Satzbau weisen Fachsprachen einige Besonderheiten auf, obwohl sie keine spezifischen Satzstrukturen besitzen, sondern ihre Syntax aus der allgemeinen Sprache übernehmen. Die Besonderheit der Syntax einer Fachsprache liegt in der spezifischen Auswahl, Verwendungsweise und Häufigkeit der Nutzung. Die Satzlänge wird deutlich verkürzt, und es wird der einfache Satz mit vielen Nominalisierungen bevorzugt. Ebenso häufig tritt das Passiv auf. Die Satzmodelle der Fachsprachen ähneln denen der allgemeinen Sprache, sind aber durch zahlreiche Ergänzungen erweitert und vervielfältigt. Das Ziel der Fachsprachen ist es, den Inhalt möglichst knapp, präzise und unpersönlich darzustellen, was sich in der Tendenz zur Verwendung von nominalen Ausdrücken (z. B.: *unter Bezugnahme auf*), Funktionsverbgefügen (zum Beispiel *Anklage erheben = anklagen*), Periphrasen (zum Beispiel *in Erfahrung bringen = erfahren*), erweiterten Attributen (z. B.: *die nach der vorliegenden Konvention gestatteten Einschränkungen*), substantivierten Verben (zum Beispiel *Durchführungsverordnung*), Präpositionalgefügen anstelle von Vollverben mit eigener Bedeutung (z. B.: *zur Durchführung kommen*), Infinitiv- und Passivkonstruktionen (z. B.: *keine der Bestimmungen darf so ausgelegt werden, dass sie den hohen vertragsschließenden Parteien verbietet, die politische Tätigkeit von Ausländern Beschränkungen zu unterwerfen*), Depersonalisierungen (z. B.: *das Institut behauptet*), Konditionalsätzen (zum Beispiel *Nach dem Tod des Annehmenden ist der Anspruch nur zulässig, wenn der Annehmende den Antrag eingereicht hat*) und Finalsätzen (z. B.: *Es wird bestraft, damit künftige Delikte unterbleiben; Um den Schwingungsbereich konstant zu halten, wird...*) zeigt (vgl. Stawikowska-Marcinkowska 2020: 23–24).

2.2.2 Fachtexte und Fachtextsorten

Laut Hoffmann (1984: 233) ist ein Fachtext das Ergebnis einer sprachlich-kommunikativen Aktivität, die in einem spezifischen gesellschaftlich-produktiven Kontext stattfindet. Fachtexte bestehen aus einer geordneten Abfolge von Sätzen oder satzwertigen Einheiten, die logisch, semantisch und syntaktisch kohärent sind. Diese Einheiten bilden komplexe sprachliche Zeichen, die sowohl komplexen Vorstellungen im menschlichen Bewusstsein als auch komplexen Sachverhalten in der objektiven Realität entsprechen. Die Definition von Texten hat sich seit den 1980er Jahren durch die Arbeiten von De Beaugrande und Dressler (1981) weiterentwickelt. Diese führten sieben Kriterien der Textualität ein, die erfüllt sein müssen, damit ein Text als kommunikativer Text gilt: Kohäsion, Kohärenz, Intentionalität, Akzeptabilität, Informativität, Situationalität und Intertextualität. Sie argumentierten, dass Texte, die eines dieser Kriterien nicht erfüllen, als »Nicht-Texte« klassifiziert werden (De Beaugrande, Dressler 1981: 3). Allerdings ist diese rigide Klassifikation von Texten in der Fachlinguistik nicht unumstritten. Vater (2005: 52 ff.) kritisiert, dass eine solche Einteilung suggeriert, es sei möglich, klare Grenzen zwischen Texten und Nicht-Texten zu ziehen, was in der Praxis oft problematisch ist. In einigen Fällen kann das Fehlen von Kohärenz toleriert werden, während andere Kriterien in spezifischen Kontexten an Bedeutung verlieren, außer vielleicht der Kohäsion, die als grundlegendes Merkmal angesehen wird.

Die Analyse von Fachtexten erfordert auch eine Untersuchung der Textsorten. Klaus Brinker (2010: 125) definiert Textsorten als konventionelle Muster für komplexe sprachliche Handlungen. Diese Muster beruhen auf typischen Verbindungen textueller, kommunikativer, funktionaler und struktureller Merkmale, die sich historisch in Sprachgemeinschaften entwickelt haben und als Orientierungshilfen für die Produktion und Rezeption von Texten dienen. Textsorten unterscheiden sich voneinander durch spezifische Merkmale wie Situationalität, Funktionalität und sprachliche Struktur.

Roelcke (1999: 44) präsentiert eine detaillierte Klassifikation von Fachtextsorten basierend auf den Arten der Fachkommunikation und ihren wesentlichen Merkmalen. Diese Klassifikationen sind entscheidend für das Verständnis der spezifischen Funktion und Struktur von Fachtexten in verschiedenen Disziplinen. Fix (2011: 71) ergänzt diese Definition durch die Einführung von Textmustern, die eine Textsorte als Klasse von Texten kennzeichnen, die einem gemeinsamen Muster folgen.

Neuere Entwicklungen in der Fachtextsortenlinguistik betonen eine multidimensionale Betrachtungsweise, die über starre Kategorisierungen hinausgeht. Konutyé (2017: 37) hebt hervor, dass Fachtextsorten als Modelle fungieren, die spezifische situative, funktionale, thematische und strukturell-sprachliche Eigenschaften aufweisen. Diese Sorten manifestieren sich in konkreten Fachtexten oder Fachtextexemplaren, die in der fachlichen Kommunikation präsent sind.

Christiane Nord (2009: 40) entwickelt einen Fragenkatalog, der Übersetzern hilft, verschiedene Arten von Texten zu analysieren. Sie unterscheidet zwischen externen und internen Merkmalen von Texten. Die externen Merkmale, wie der Produzent des Textes, die Intention, der Adressat, das Medium und die Situation, beeinflussen die internen Merkmale, die das Thema, den Inhalt, die Struktur und den Stil eines Textes betreffen.

Adamzik (2004) und Fluck (1997) unterstützen diese erweiterte Sichtweise, indem sie argumentieren, dass die Fachtextlinguistik nicht mehr auf eine festgelegte Liste von Kategorien beschränkt ist, sondern verschiedene Dimensionen eines Textes als Grundlage für die Beschreibung und Analyse verwendet. Diese Dimensionen umfassen die situative, funktionale, thematische und sprachlich-strukturelle Dimension, was eine flexiblere und umfassendere Betrachtung ermöglicht.

Die Definition und Klassifikation von Fachtexten und Fachsprachen ist demzufolge im Wandel begriffen. Während frühere Ansätze auf festen Kriterien und Kategorien basierten, ermöglichen neuere Theorien eine flexiblere, multidimensionale Analyse. Dies trägt dazu bei, die komplexe Realität der Fachkommunikation besser zu verstehen und zu erfassen.

2.2.3 Fachkommunikation

Fachkommunikation ist die gezielte sprachliche Interaktion innerhalb spezifischer Fachgebiete, die durch technische, wissenschaftliche und berufliche Kontexte geprägt ist. Sie umfasst die Nutzung und Vermittlung von Fachwissen durch spezialisierte Terminologie, Textsorten und Kommunikationsmittel, die den besonderen Anforderungen und Normen eines jeweiligen Fachgebietes entsprechen. Fachkommunikation dient nicht nur dem Informationsaustausch, sondern auch der Strukturierung, Optimierung und Automatisierung von Wissen, wobei sie zunehmend durch technologische Innovationen, Digitalisierung und interdisziplinäre Entwicklungen beeinflusst wird. Sie integriert traditionelle sprachliche Ausdrucksformen mit modernen, multimodalen und digitalen Kommunikationsformaten, um eine effektive und effiziente Wissensverbreitung und Interaktion in spezialisierten Kontexten zu ermöglichen (Busch-Lauer 2023: 28–30).

Die Fachkommunikation weist eine Vielzahl von Funktionen auf, die über den rein informativen Charakter hinausgehen und sich auf verschiedene Ebenen der menschlichen Interaktion erstrecken. Thorsten Roelcke (2022: 203) erweitert die theoretischen Modelle zur Fachkommunikation durch die Betonung der dynamischen Natur der Zeichensysteme, die sowohl synchron konstruiert als auch diachron revidiert werden. Dies unterstreicht die metasprachliche und semiotische Funktion der Fachsprache, die eine kontinuierliche Anpassung und Neugestaltung des Wissens innerhalb spezialisierter Diskurse ermöglicht (Roelcke 2024: 203):

- Referentielle und epistemische Funktion
  Die referentielle Funktion der Fachkommunikation zielt darauf ab, präzise und konkrete Informationen zu spezifischen Fachgebieten bereitzustellen. Diese Funktion wird in wissenschaftlichen Texten durch den gezielten Einsatz von Fachtermini und symbolischen Darstellungen verstärkt. Roelcke betont die Relevanz dieser Funktion, indem er hervorhebt, dass die Fachsprache auf spezifische Ausschnitte der Wirklichkeit verweist, die durch die Spezialisierung auf bestimmte Themenfelder gebildet werden (Roelcke 2024: 206). Die epistemische Funktion ergänzt dies, indem sie nicht nur auf die Fakten selbst, sondern auch auf das dahinterliegende Fachwissen und die Erkenntnisprozesse verweist, die durch die Fachkommunikation vermittelt werden (Roelcke 2024: 207).
- Appellative und symptomatische Funktion
  Die appellative Funktion der Fachkommunikation, wie Roelcke sie beschreibt, zielt darauf ab, spezifische Handlungen oder Reaktionen des Rezipienten zu fördern. Diese Funktion wird in verschiedenen Kontexten durch die Verwendung direkter Ansprachen oder modaler Sprache realisiert, die den Handlungsspielraum der Empfänger steuern soll. Die symptomatische Funktion hingegen repräsentiert die Selbstäußerung des Autors, die dessen Expertise, Glaubwürdigkeit und Haltung innerhalb des Diskurses reflektiert (Roelcke 2024: 208).
- Ästhetische und semiotische Funktion
  Die ästhetische Funktion in der Fachkommunikation wird laut Roelcke durch die Wahl sprachlicher Mittel bestimmt, die Klarheit, Präzision und eine ästhetisch ansprechende Struktur gewährleisten. Dies zeigt sich insbesondere in wissenschaftlichen Texten, die durch eine sorgfältige Sprachwahl und formale Gestaltung die Verständlichkeit und Lesbarkeit erhöhen (Roelcke 2024: 209). Die semiotische Funktion betont den Gebrauch spezifischer Zeichen und Symbole, die in einem Fachbereich allgemein akzeptiert sind. Solche semiotischen Systeme ermöglichen es, komplexe Konzepte präzise und effizient zu kommunizieren (Roelcke 2024: 210).
- Phatische und diskursive Funktion
  Die phatische Funktion bezieht sich auf die Aufrechterhaltung des Kommunikationskanals, während die diskursive Funktion die Organisation und Strukturierung des Diskurses betrifft. Roelcke hebt hervor, dass diese Funktionen besonders wichtig sind, um den kontinuierlichen Informationsaus-

tausch zu gewährleisten und Missverständnisse zu vermeiden (Roelcke 2024: 211). Die diskursive Funktion zeigt sich in der Art und Weise, wie wissenschaftliche Texte strukturiert sind, um eine kohärente und überzeugende Argumentation zu bieten.
- Situative, soziale und kulturelle Funktionen
  Die situativen, sozialen und kulturellen Funktionen betonen die Einbettung der Fachkommunikation in spezifische Kontexte. Die situative Funktion berücksichtigt die spezifischen Kommunikationssituationen, während die soziale Funktion die sozialen Rollen der Kommunikationspartner hervorhebt. Die kulturelle Funktion reflektiert die kulturellen Normen und Werte, die die Fachkommunikation beeinflussen. Diese dreifache Funktion ermöglicht es, die Kommunikationsdynamik in spezifischen Fachbereichen besser zu verstehen und anzupassen (Roelcke 2024: 212–213).

Zusammenfassend zeigt die Kombination dieser Funktionen, dass die Fachkommunikation weit mehr als nur die Vermittlung technischer Informationen umfasst. Sie bildet die Grundlage für die Entwicklung von Fachwissen, die Etablierung sozialer Rollen und kultureller Identitäten sowie die Förderung eines effizienten und präzisen Informationsaustauschs. Die Analyse von Roelcke ergänzt die zuvor genannten Schlussfolgerungen durch die Betonung der dynamischen und adaptiven Natur der Fachsprache, die sich ständig weiterentwickelt, um den sich ändernden Anforderungen und Kontexten gerecht zu werden (Roelcke 2024: 213).

Diese Erkenntnisse verdeutlichen, dass eine effektive Fachkommunikation sowohl die sprachlichen als auch die kontextuellen und sozialen Dimensionen berücksichtigen muss, um den gewünschten Wissens- und Informationstransfer zu gewährleisten.

Die detaillierte Analyse der verschiedenen Funktionen der Fachkommunikation, wie sie von Thorsten Roelcke vorgestellt wird, zeigt die Komplexität und Vielschichtigkeit der Fachsprache. Sie bietet wertvolle Einblicke in die Mechanismen, die den Wissens- und Informationsaustausch in wissenschaftlichen und professionellen Kontexten ermöglichen und fördern.

2.2.4 Fach- und Berufssprache im Kontext der beruflichen Kommunikation

Die Rolle von Fach- und Berufssprache ist in der modernen Kommunikation von zentraler Bedeutung, insbesondere in beruflichen Kontexten, in denen präzise und effiziente Verständigung unerlässlich ist. Die Unterscheidung zwischen Fach- und Berufssprache hat dabei in den letzten Jahrzehnten zu umfangreichen wissenschaftlichen Diskussionen geführt (Roelcke 2020: 3). Die Definitionen, die zur Beschreibung dieser Sprachen verwendet werden, und die damit verbundenen terminologischen und konzeptuellen Herausforderungen stehen im Mittelpunkt dieses Kapitels.

Die Fachsprache, die als Sprache für spezielle Zwecke verstanden wird, wird oft als Varietät beschrieben, die durch konzeptionelle Schriftlichkeit und hohe Kontextunabhängigkeit gekennzeichnet ist (Efing 2014: 420). Fachsprache beinhaltet spezifische Lexik und Muster, die exklusiv in spezialisierten, professionellen Kontexten verwendet werden (Roelcke 2020: 4). Im Gegensatz dazu ist Berufssprache eine Sprachform, die zwischen Fachsprache und Allgemeinsprache angesiedelt ist und Merkmale sowohl der konzeptionellen Mündlichkeit als auch der Schriftlichkeit aufweist (Roelcke 2020: 5).

Berufssprache wird definiert als »die Gesamtheit aller sprachlichen Mittel zur persönlichen und sachlichen Integration in den Betrieb und ins betriebliche Umfeld, zur sprachlichen Sicherung der betrieblichen Funktionsübernahme« (Braunert 2014: 49). Sie fungiert daher als Bindeglied zwischen spezifischen Fachsprachen und der allgemeinen Kommunikation im Arbeitsumfeld und umfasst Elemente, die weder ausschließlich als fachlich noch als allgemeinsprachlich klassifiziert werden können (Efing 2014: 429).

Die Differenzierung zwischen Fach- und Berufssprache bleibt problematisch, da die Grenzen oft verschwimmen. Efing (2014) argumentiert, dass Berufssprache aufgrund ihrer komplexen und vielseitigen Natur als funktionales Register betrachtet werden sollte, das konzeptionelle Elemente sowohl der Mündlichkeit als auch der Schriftlichkeit vereint (Efing 2014: 420). Roelcke (2020: 7) hingegen schlägt vor, die strikte Abgrenzung von Fach- und Berufssprache aufzugeben und stattdessen den Begriff der beruflichen Kommunikation einzuführen, um die vielfältigen sprachlichen Register zu berücksichtigen, die in beruflichen Kontexten zur Anwendung kommen.

Die Diskussion über die Rolle und den Status der Berufssprache zeigt, dass eine klare Abgrenzung zu anderen Sprachregistern wie der Fachsprache, der Bildungssprache oder der Allgemeinsprache schwierig ist. Berufssprache kann als ein »berufsfeldübergreifendes Register« betrachtet werden, das wesentliche berufliche Kommunikationssituationen abdeckt, die nicht an ein spezifisches Fachgebiet gebunden sind (Braunert 1999: 99, Efing 2014: 429). Diese Perspektive wird unterstützt durch die Beobachtung, dass »berufsinterne mündliche Kommunikation zu einem großen Teil aus Sprachhandlungen besteht, die wenig berufsspezifisch oder fachsprachlich sind« (Kuhn 2019: 54).

Die Berufssprache spielt eine entscheidende Rolle in der betrieblichen Kommunikation, insbesondere für die betriebliche Integration und die Koordination von Handlungen (Gerwinski et al. 2018: 37). Sie kann als grundlegendes Instrument für die sozialen und funktionalen Aspekte des beruflichen Alltags angesehen werden, indem sie eine Brücke zwischen verschiedenen Sprachregistern schlägt und den Kommunikationsfluss in verschiedenen beruflichen Kontexten unterstützt (Roelcke 2020: 8).

Die Berufssprache ist ein komplexes und multidimensionales Phänomen, das sowohl sprachliche als auch kommunikative Funktionen im beruflichen Kontext erfüllt. Angesichts der konzeptuellen Herausforderungen und der fehlenden trennscharfen Abgrenzung zu benachbarten Registern wird vorgeschlagen, die Berufssprache als ein dynamisches Register zu betrachten, das flexibel zwischen den Anforderungen von Allgemein- und Fachsprache navigiert.

2.3 Institutionelle und individuelle Mehrsprachigkeit

Mehrsprachigkeit ist ein zunehmend bedeutendes Thema in der globalisierten Welt, insbesondere in beruflichen Kontexten, in denen der Umgang mit verschiedenen Sprachen und Kulturen alltäglich ist. Sowohl in individuellen als auch in gesellschaftlichen Zusammenhängen zeigt Mehrsprachigkeit vielfältige Auswirkungen auf die Kommunikation und das Zusammenleben (vgl. Roelcke 2022). Diese Thematik ist besonders relevant in der Outsourcing-Branche sowie in modernen Unternehmensdienstleistungen, wo der Bedarf an mehrsprachigen Fachkräften stetig wächst. Weitverstandene Mehrsprachigkeit ist ein Schlüsselelement für den beruflichen Erfolg. Die Fähigkeit, mehrere Sprachen zu beherrschen und gleichzeitig fachsprachlich kompetent zu sein, wird auf dem Arbeitsmarkt immer wichtiger. Hochschulen tragen maßgeblich zur Förderung dieser Kompetenzen bei, indem sie ihre Studienangebote an den Bedürfnissen des Arbeitsmarktes ausrichten und praxisnahe Ausbildungsmöglichkeiten schaffen. Die Herausforderungen der Mehrsprachigkeit, wie die Anpassung an sich verändernde Sprachanforderungen und die Vermittlung von Fachsprachen bleiben jedoch zentrale Themen in der weiteren Entwicklung der beruflichen Sprachausbildung (vgl. Stawikowska-Marcinkowska, Makowski 2023b).

Die Beherrschung mehrerer Sprachen ist sowohl auf institutioneller als auch auf individueller Ebene für den Erfolg in der modernen Unternehmenswelt von entscheidender Bedeutung. Institutionelle Mehrsprachigkeit ermöglicht es Unternehmen, global zu agieren, während individuelle Mehrsprachigkeit die Flexibilität und Anpassungsfähigkeit der Mitarbeitenden fördert. Beide Formen der Mehrsprachigkeit müssen gefördert und weiterentwickelt werden, um den Anforderungen eines zunehmend vernetzten Arbeitsmarktes gerecht zu werden.

Eine Herausforderung bildet dabei die Komplexität des Forschungsfeldes rund um das weitgefasste Phänomen Mehrsprachigkeit und die damit verbundene terminologische Abgrenzung und/ oder Bestimmung: Man siehe hierzu etwa Mehrsprachigkeit gegenüber Vielsprachigkeit oder Sprachpluralismus (vgl. Roelcke 2022), Multilingualismus versus Plurilingualismus (por. *mulitilingui-*

smo, plurilinguismo, engl. *mulitingualism, plurilingualism*, fr. *multilinguisme, plurilinguisme*, vgl. Franceschini 2003, de Figueiredo, da Silva Rodrigues 2017, Raitskaya, Tikhanova 2023 oder Hermand, Niessen 2023) oder aber pl. *wielojęzyczność* im Vergleich zu pl. *różnojęzyczność* (vgl. Pawlak 2018, vgl. zu alldem Łuczak 2025).

Bei seinem Modell beruflicher Mehr- und Vielsprachigkeit wird bei Roelcke (2022) die folgende begriffliche Abtrennung vorgenommen: bei Mehrsprachigkeit handelt es sich im engeren Sinn um »den Gebrauch verschiedener Sprachen oder Varietäten bei einzelnen Personen«, bei Vielsprachigkeit dagegen »innerhalb einer bestimmten Gemeinschaft«. Zusätzlich werden beide Begriffe weitergehend spezifiziert: Sofern es sich dabei um die Verwendung von mehreren Einzelsprachen wie Deutsch, Englisch oder Chinesisch handelt, besteht »äußerer« Mehr-/Vielsprachigkeit. Werden auf der anderen Seite mehrere sprachliche Varietäten wie Standardsprache, Dialekte oder Fachsprachen gebraucht, handelt es sich um »innere« Mehr-/Vielsprachigkeit (vgl. Roelcke 2022: 218–221).

Im vorliegenden Band wird zwecks Beibehaltung des logischen Rahmens der Überlegungen auf weiterführende terminologische Abgrenzungsversuche weiterhin verzichtet. Da es sich bei dem Forschungsgegenstand um die berufsbezogene Kommunikation von individuellen Mitarbeitern innerhalb mehrerer Einzelsprachen sowie Sprachvarianten im Rahmen von internationalen global agierenden Institutionen handelt, wird der Übersichtlichkeit halber für die beschriebenen und erörterten Phänomene die folgende terminologische Bestimmung angenommen:

- **institutionelle Mehrsprachigkeit** als Gebrauch mehrerer Einzelsprachen (äußere) oder Sprachvarianten wie etwa Fachsprachen (innere) innerhalb des jeweiligen Dienstleistungsunternehmens und/ oder dessen Abteilungen,
- **individuelle Mehrsprachigkeit** als Gebrauch mehrerer Einzelsprachen (äußere) oder Sprachvarianten wie etwa Fachsprachen (innere) von den jeweiligen individuellen Mitarbeitern am Arbeitsplatz.

2.4 Berufs- und Fachsprachendidaktik

Jerzy Lukszyn betont, dass »die Fachsprache in der philologischen Ausbildung nicht nur als Werkzeug zur Wissensvermittlung dient, sondern auch zur Entwicklung analytischer und kritischer Fähigkeiten beiträgt« (Lukszyn 2005: 22). Durch die Auseinandersetzung mit fachsprachlichen Texten lernen Studierende, komplexe Sachverhalte zu verstehen und zu kommunizieren.

Die Fachsprache ist für die Entwicklung beruflicher Kompetenzen von großer Bedeutung. Philologen arbeiten oft in Bereichen, in denen präzise und fachlich korrekte Kommunikation erforderlich ist, wie im Bildungswesen, in der Forschung, in Verlagen oder in der Sprachberatung. Die Fähigkeit, die Fachsprache sicher zu beherrschen, ist daher eine wichtige Voraussetzung für den beruflichen Erfolg. Man weist darauf hin, dass die Beherrschung der Fachsprache eine Schlüsselkompetenz für Philologen darstellt, die ihnen ermöglicht, in ihrem beruflichen Umfeld erfolgreich zu agieren. Durch die Ausbildung in der Fachsprache erwerben Studierende die Fähigkeit, komplexe Informationen präzise zu kommunizieren und fundierte fachliche Argumentationen zu entwickeln. Die Vermittlung der Fachsprache in der philologischen Ausbildung stellt sowohl für Lehrende als auch für Studierende eine Herausforderung dar. Die Komplexität der Fachterminologie und die Anforderungen an präzise Ausdrucksweise können für Studierende überwältigend sein. Zudem erfordert die Fachsprache eine ständige Aktualisierung und Anpassung an neue wissenschaftliche Erkenntnisse und Entwicklungen (vgl. Klieme, Beck 2007).

Um diese Herausforderungen zu bewältigen, sind verschiedene didaktische Ansätze notwendig. Ein effektiver Fachsprachenunterricht sollte eine Kombination aus theoretischem Wissen und praktischen Übungen bieten. Dies kann durch die Analyse und Produktion von fachsprachlichen Texten, durch Präsentationen und Diskussionen sowie durch den Einsatz von Fachwörterbüchern und anderen Ressourcen unterstützt werden. Die Fachsprache spielt eine zentrale Rolle in der philologischen Ausbildung und ist unverzichtbar für die Vermittlung und das Verständnis von Fachwissen, die wissenschaftliche Kommunikation und die Entwicklung beruflicher Kompetenzen. Trotz der Herausforderungen, die mit der Vermittlung der Fachsprache verbunden sind, bieten verschiedene didaktische Ansätze und moderne Technologien Möglichkeiten, diesen Prozess effektiv zu gestalten.

In der modernen Arbeitswelt sind die Anforderungen an Sprachkenntnisse und fachliche Kompetenzen erheblich gestiegen, was eine direkte Auswirkung auf die Gestaltung von Studienprogrammen, insbesondere in den Philologien, hat. Laut Grzybowska (2024) zeigen sich auf dem polnischen Arbeitsmarkt deutliche Tendenzen hin zu einer erhöhten Nachfrage nach Fachsprachenkompetenzen, was auch die universitären Germanistikstudiengänge vor neue Herausforderungen stellt. Wie Schober (2011: 16f.) feststellt, führt die Globalisierung zu veränderten Anforderungen an Arbeitnehmer, insbesondere in Bezug auf Fremdsprachenkenntnisse und interkulturelle Kompetenzen. Es wird erwartet, dass Arbeitnehmer in einem zunehmend internationalen Umfeld tätig sind und daher fachliche und sprachliche Fähigkeiten auf einem hohen Niveau kombinieren. Dieser Trend spiegelt sich auch in der wachsenden Bedeutung der Fachsprachen in der Berufskommunikation wider (vgl. Gajewska, Sowa 2014: 138f.).

Makowski (2018c) betont zudem, dass der Erwerb textueller Teilkompetenzen im arbeitsmarktorientierten Fachsprachenunterricht eine zentrale Rolle spielt, besonders im Kontext moderner Unternehmensdienstleistungen. Makowski unterstreicht die Notwendigkeit, die Studienprogramme an die spezifischen Bedürfnisse des modernen Arbeitsmarktes anzupassen, um sicherzustellen, dass die Absolventen in der Lage sind, sich effektiv in ihrem beruflichen Umfeld zu bewegen.

Angesichts dieser Entwicklungen sind viele Universitäten gezwungen, ihre Curricula zu überarbeiten und den veränderten Anforderungen des Arbeitsmarktes gerecht zu werden. Grzybowska (2024) betont, dass der Bedarf an qualifizierten Fachsprachenlehrenden stetig wächst, insbesondere in Bereichen wie Unternehmensdienstleistungen und der modernen Wirtschaft. Kic-Drgas (2015, 2017, 2018) untersucht hierbei die Herausforderungen, mit denen Studierende beim Erwerb fachsprachlicher Kompetenzen konfrontiert sind, und hebt hervor, dass die Vermittlung von Fachsprache eine flexible Anpassung der Lehrkräfte an den Markt erfordert.

Szczęk und Kałasznik (2020) bestätigen diesen Bedarf und weisen darauf hin, dass die Universitäten aufgrund der unzureichenden Sprachkenntnisse der Studierenden gezwungen sind, ihre Curricula so zu modifizieren, dass sie den Erwerb der Sprachkompetenz stärker unterstützen. Die Autorinnen betonen, dass die Programme mehr Praxisanteile integrieren sollten, um Studierende besser auf die Anforderungen des Arbeitsmarktes vorzubereiten und ihnen den Zugang zu berufsbezogenen Sprachkenntnissen zu ermöglichen.

Die philologische Ausbildung hat sich laut Grzybowska (2024) von einem reinen wissenschaftlichen Studium zu einer Kompetenzentwicklung gewandelt, was zu einer Ent-Philologisierung der Studiengänge und einer stärkeren Ausrichtung auf den Arbeitsmarkt geführt hat. Middeke und Tichy (2017, 2021) bestätigen ähnliche Tendenzen in anderen mitteleuropäischen Ländern und unterstreichen, dass Germanistikabsolventen vermehrt auf praktische und arbeitsmarktrelevante Fähigkeiten angewiesen sind, um erfolgreich in den modernen Arbeitsmarkt einzusteigen.

Stawikowska-Marcinkowska (2020) ergänzt diese Beobachtungen und weist darauf hin, dass Germanistikabsolventen zunehmend in großen Outsourcing-Unternehmen tätig sind. Dies zeigt, dass der Arbeitsmarkt für Absolventen, die sowohl Sprach- als auch Fachkenntnisse besitzen, viele Möglichkeiten bietet. Allerdings betont sie auch die Notwendigkeit, die Studiengänge praxisnäher zu gestalten, um die Studierenden besser auf die Realität des Arbeitsmarktes vorzubereiten.

Die vorliegende Forschung weist darauf hin, dass eine enge Zusammenarbeit zwischen Universitäten und der Wirtschaft entscheidend ist, um die Relevanz und Aktualität der vermittelten Fähigkeiten sicherzustellen. Diese Kooperation ermöglicht es, praxisnahe Curricula zu entwickeln, die Absolventen optimal auf die Bedürfnisse des Arbeitsmarktes vorbereiten (Roelcke 2020). Die universitäre

Ausbildung sollte daher nicht nur wissenschaftliche Exzellenz anstreben, sondern auch die berufliche Nützlichkeit und Anpassungsfähigkeit der Studierenden fördern, um den Herausforderungen einer globalisierten Arbeitswelt gerecht zu werden.

3. Globaler und lokaler sozio-wirtschaftlicher Hintergrund 2014–2024

In der heutigen globalisierten Welt nimmt die Bedeutung von Fremdsprachen- und interkultureller Kompetenz in der Wirtschaft stetig zu. Diese Kompetenzen sind für den Erfolg von Unternehmen im internationalen Umfeld unerlässlich. Verschiedene wissenschaftliche Studien und Theorien verdeutlichen die Notwendigkeit und die Vorteile, die durch den Erwerb und die Anwendung dieser Fähigkeiten erzielt werden können.

Die Globalisierung der Märkte, wie erwähnt, erfordert eine effektive Kommunikation zwischen Geschäftspartnern aus verschiedenen Ländern. Englisch ist zwar die dominante Sprache der internationalen Geschäftskommunikation, aber der Bedarf an Mehrsprachigkeit in der globalen Wirtschaft wächst. »Englisch ist die dominante Sprache der internationalen Geschäftskommunikation, aber es gibt einen wachsenden Bedarf an Mehrsprachigkeit in der globalen Wirtschaft« (Crystal 2003: 28). Diese Aussage betont die Notwendigkeit, nicht nur Englisch, sondern auch andere Sprachen zu beherrschen, um in verschiedenen Märkten erfolgreich zu sein.

Darüber hinaus zeigen Studien, dass Unternehmen, die über Mitarbeiter mit Fremdsprachenkenntnissen verfügen, einen Wettbewerbsvorteil haben. Ein Bericht der Europäischen Kommission hebt hervor, dass »Unternehmen, die in der Lage sind, in der Sprache ihrer Kunden zu kommunizieren, eher in der Lage sind, Geschäfte erfolgreich abzuschließen und langfristige Geschäftsbeziehungen zu pflegen« (European Commission 2006: 47). Diese Erkenntnisse verdeutlichen, dass Fremdsprachenkenntnisse nicht nur die Geschäftskommunikation erleichtern, sondern auch die Wettbewerbsfähigkeit eines Unternehmens steigern. Auch die interkulturelle Kompetenz ist für den Geschäftserfolg in einer vielfältigen globalen Wirtschaft entscheidend. Geert Hofstede (1980: 45) betonte die Bedeutung des Verständnisses kultureller Unterschiede und ihrer Auswirkungen auf das Geschäftsverhalten. Er argumentierte, dass »das Unverständnis kultureller Unterschiede zu Missverständnissen und Konflikten führen kann, die den Geschäftserfolg beeinträchtigen«. Hofstedes Forschung zeigt, wie kulturelle Unterschiede das Geschäftsverhalten beeinflussen und betont die Notwendigkeit interkultureller Kompetenz für den internationalen Geschäftserfolg. Die Fähigkeit, multikulturelle Teams zu managen, ist eine weitere Schlüsselkompetenz in der heutigen Wirtschaft. Laut Nancy Adler und Allison Gundersen (2008: 123) »sind Manager, die interkulturelle Kompetenzen besitzen, besser in der Lage, multikulturelle Teams zu führen und deren Potenzial zu maximieren, was zu höherer Produktivität und Innovation führt«. Diese Studien zeigen, dass interkulturelle Kompetenz nicht nur Konflikte reduzieren, sondern auch die Leistung und Innovationskraft multikultureller Teams fördern kann.

Die Notwendigkeit von Fremdsprachen- und interkultureller Kompetenz in der Wirtschaft ist unbestreitbar. Unternehmen, die in der Lage sind, diese Kompetenzen zu entwickeln und zu nutzen, sind besser gerüstet, um in der globalen Wirtschaft erfolgreich zu sein. Wissenschaftliche Studien und Berichte unterstreichen die Vorteile von Mehrsprachigkeit und kultureller Sensibilität und bieten wertvolle Einblicke in die Strategien zur Förderung dieser Fähigkeiten in der Geschäftswelt.

3.1 Globalisierung

3.1.1 Wirtschaftliche, kulturelle und politische Dimensionen

Globalisierung ist ein vielschichtiger Prozess, der zahlreiche Aspekte des modernen Lebens umfasst, darunter Wirtschaft, Kultur, Politik und Umwelt. Dieser Prozess führt zu einer zunehmenden Vernetzung und Interdependenz der Weltbevölkerung. Es werden zurzeit umfangreiche Forschungen zur Globalisierung durchgeführt, die ihre verschiedenen Dimensionen und Auswirkungen beleuchten. Laut Ulrich Beck (1997: 11) ist Globalisierung »der Prozess, durch den nationale und internationale Grenzen zunehmend an Bedeutung verlieren und ein weltumspannendes Netzwerk von Beziehungen entsteht«. Beck betont die multidimensionale Natur der Globalisierung, die sowohl ökonomische als auch kulturelle und politische Aspekte umfasst. Zygmunt Bauman beschreibt die Globalisierung als einen Prozess, der sowohl Chancen als auch Herausforderungen mit sich bringt. Er argumentiert, dass »die Globalisierung neue Möglichkeiten für wirtschaftliches Wachstum und kulturellen Austausch schafft, gleichzeitig aber auch soziale Ungleichheiten und kulturelle Spannungen verstärkt« (Bauman 1998: 45). Es werden mehrere wichtige Dimensionen der Globalisierung aufgezählt.

Die ökonomische Dimension der Globalisierung wird oft als der Motor des gesamten Prozesses betrachtet. Helmut Schmidt betont die Rolle multinationaler Unternehmen und globaler Finanzmärkte in der Förderung des globalen Handels und der Investitionen. Laut Schmidt »ermöglicht die Globalisierung den freien Fluss von Kapital, Gütern und Dienstleistungen über Grenzen hinweg, was zu einem globalen Wirtschaftsboom geführt hat« (Schmidt 2001: 78). Der polnische Ökonom Grzegorz W. Kołodko (2002: 34) weist auf die komplexen Auswirkungen der Globalisierung auf nationale Volkswirtschaften hin. Kołodko argumentiert, dass »die Integration in die Weltwirtschaft zwar wirtschaftliches Wachstum fördern kann, aber auch Herausforderungen wie die wachsende Einkommensungleichheit und die Abhängigkeit von ausländischem Kapital mit sich bringt«.

Die kulturelle Dimension der Globalisierung bezieht sich auf den Austausch und die Verbreitung von Ideen, Werten und Lebensweisen zwischen verschiedenen Kulturen. Der deutsche Kulturwissenschaftler Wolfgang Welsch spricht von »Transkulturalität« als einem zentralen Merkmal der Globalisierung. Welsch (1999: 67) erklärt, dass »in einer globalisierten Welt kulturelle Grenzen durchlässiger werden und hybride kulturelle Formen entstehen«. Die polnische Anthropologin Ewa Nowicka (2005: 102) untersucht die Auswirkungen der Globalisierung auf traditionelle Kulturen und stellt fest, dass »die Globalisierung sowohl zur Homogenisierung als auch zur Revitalisierung kultureller Identitäten führen kann«. Nowicka betont, dass lokale Kulturen durch den globalen Austausch bereichert, aber auch bedroht werden können.

Die politische Dimension der Globalisierung führt zu einer Neuordnung der Machtverhältnisse auf globaler Ebene. Wolfgang Merkel argumentiert, dass »die Globalisierung die Rolle des Nationalstaates schwächt und die Bedeutung supranationaler Organisationen und transnationaler Netzwerke erhöht« (Merkel 2010: 29). Jan Zielonka betont die Notwendigkeit, globale Governance-Strukturen zu stärken, um den Herausforderungen der Globalisierung zu begegnen. Zielonka (2006: 88) stellt fest, dass »die Globalisierung die Notwendigkeit für globale Kooperation und die Schaffung neuer Formen der internationalen Governance verstärkt«.

Als ein komplexer und vielschichtiger Prozess hat die Globalisierung tiefgreifende Auswirkungen auf verschiedene Aspekte des menschlichen Lebens. Die fortschreitende Globalisierung erfordert weiterhin interdisziplinäre Forschungen und globale Kooperationen, um ihre positiven Potenziale zu maximieren und negative Auswirkungen zu minimieren.

3.1.2 Globalisierung des Arbeitsmarktes

Die Globalisierung des Arbeitsmarktes ist ein weiterer zentraler Aspekt des Globalisierungsprozesses, der tiefgreifende Veränderungen in der Struktur und Dynamik der weltweiten Beschäftigung mit sich bringt. Diese Veränderungen betreffen sowohl die Nachfrage nach Arbeitskräften als auch die Arbeitsbedingungen und die beruflichen Perspektiven von Arbeitnehmern weltweit. Deutsche und polnische Wissenschaftler haben die verschiedenen Dimensionen und Auswirkungen der Globalisierung des Arbeitsmarktes umfassend untersucht (vgl. Bannenberg 2010: 7 ff.)

Einer der offensichtlichsten Effekte der Globalisierung auf den Arbeitsmarkt ist die erhöhte Mobilität von Arbeitskräften über nationale Grenzen hinweg. Beck (2000: 142) beschreibt diese Entwicklung als »den Übergang zu einem globalen Arbeitsmarkt, in dem Arbeitskräfte zunehmend international rekrutiert und eingesetzt werden« (Beck 2000: 142). Er betont, dass diese Mobilität neue Chancen für Arbeitnehmer schafft, aber auch Herausforderungen wie kulturelle Anpassung und rechtliche Unsicherheiten mit sich bringt. Witold Orłowski weist darauf hin, dass die Migration von Arbeitskräften sowohl für Herkunfts- als auch Zielländer wirtschaftliche Auswirkungen hat. Orłowski argumentiert, dass »die Abwanderung qualifizierter Arbeitskräfte aus Entwicklungsländern, auch als ›Brain-Drain‹ bekannt, einerseits die wirtschaftliche Entwicklung dieser Länder beeinträchtigen kann, andererseits aber den Zielländern dringend benötigte Fachkräfte zuführt« (Orłowski 2006: 88). Die Globalisierung hat auch tiefgreifende Auswirkungen auf die Arbeitsbedingungen weltweit. Laut dem Arbeitsmarktforscher Werner Eichhorst (2014: 27) führt die Globalisierung zu einer »Flexibilisierung und Deregulierung der Arbeitsmärkte«, was sowohl positive als auch negative Konsequenzen haben kann. Einerseits können flexiblere Arbeitsmärkte die Wettbewerbsfähigkeit von Unternehmen steigern und Arbeitsplätze schaffen, andererseits können sie zu Unsicherheit und Prekarisierung der Arbeitsverhältnisse führen. Elżbieta Kryńska untersucht die Auswirkungen der Globalisierung auf die Arbeitsbedingungen in Polen und stellt fest, dass »die Integration in den globalen Arbeitsmarkt zu einer Polarisierung der Arbeitsbedingungen geführt hat, wobei hochqualifizierte Arbeitskräfte von besseren Beschäftigungsmöglichkeiten profitieren, während geringqualifizierte Arbeitskräfte mit zunehmender Unsicherheit und schlechten Arbeitsbedingungen konfrontiert sind« (Kryńska 2012: 55). Ein weiterer wichtiger Aspekt der Globalisierung des Arbeitsmarktes ist der technologische Wandel und die damit verbundenen Veränderungen der Qualifikationsanforderungen. Horst Siebert (2007: 103) betont, dass »die Globalisierung die Verbreitung neuer Technologien beschleunigt und somit die Nachfrage nach hochqualifizierten Arbeitskräften erhöht«. Dies führt zu einem erhöhten Bedarf an kontinuierlicher Weiterbildung und lebenslangem Lernen. Andrzej Wojtyna (2010: 79) stellt fest, dass »die technologischen Veränderungen, die durch die Globalisierung gefördert werden, die Struktur der Beschäftigung in Polen tiefgreifend verändert haben, wobei traditionelle industrielle Arbeitsplätze abnehmen und neue, technologieintensive Arbeitsplätze entstehen«. Diese Entwicklung erfordert eine Anpassung der

Bildungssysteme und eine stärkere Fokussierung auf technologische und digitale Kompetenzen.

Die Globalisierung des Arbeitsmarktes ist ein komplexer und dynamischer Prozess, der tiefgreifende Veränderungen in der Struktur und Dynamik der Beschäftigung mit sich bringt. Die erhöhte internationale Mobilität von Arbeitskräften, die Veränderung der Arbeitsbedingungen und der technologische Wandel sind zentrale Aspekte, die eine kontinuierliche Anpassung und Flexibilität von Arbeitnehmern und Arbeitgebern erfordern. Die Globalisierung des Arbeitsmarktes wird weiterhin ein bedeutendes Forschungsfeld bleiben, das tiefgreifende Auswirkungen auf Wirtschaft und Gesellschaft hat[13].

3.2 Auslagerung von Geschäftsprozessen – Terminologische Abgrenzung

Bei der Auslagerung von Geschäftsprozessen, engl. *outsourcing*, handelt es sich um einen Prozess, »bei dem Unternehmen bestimmte Geschäftsprozesse oder Unternehmensfunktionen an externe Dienstleister übertragen. Dies kann dazu dienen, die Effizienz zu steigern, Kosten zu senken oder sich auf die eigenen Kernkompetenzen zu konzentrieren«[14]. Der Begriff *Outsourcing* setzt sich aus den Wörtern *outside*, *resource* und *using* zusammen und bedeutet »Nutzung externer Ressourcen« (Schwarze, Müller 2005: 6). *Outsourcing*, auf Deutsch auch »Auslagerung« genannt, ist ein Begriff aus dem Bereich der Unternehmensführung und bezieht sich auf die Praxis, bestimmte Geschäftsprozesse oder Aufgaben an externe Dienstleister oder Unternehmen auszulagern, anstatt sie intern durchzuführen. Diese Auslagerung kann verschiedene Bereiche umfassen, wie beispielsweise Informationstechnologie, Kundenservice, Personalwesen, Buchhaltung und vieles mehr[15]. Nach Gabler (2010: 332) handelt es sich hierbei um Ausgliederung von Unternehmensaufgaben an externe Spezialisten oder um Verlagerung von Wertschöpfungsaktivitäten des Unternehmens auf Zulieferer, was eine Verkürzung der Wertschöpfungskette bzw. der Leistungstiefe des Unternehmens darstellt (Gabler 2024[16]).

Beim Outsourcing geht es also um die vollständige oder teilweise Auslagerung von Geschäftsprozessen an Dienstleister, bei der vornehmlich dabei sogenannte sekundäre Prozesse wie Rechnungswesen, Personalwesen (HR), Kundenbetreu-

---

13 Vgl. https://www.europarl.europa.eu/topics/de/article/20190712STO56968/die-folgen-der-globalisierung-auf-den-eu-arbeitsmarkt (24.09.2024).
14 https://www.studysmarter.de/ausbildung/kaufmaennisch/personalwirtschaft/outsourcing/ (10.04.2024).
15 https://wirtschaftslexikon.gabler.de/definition/outsourcing-42299 (01.10.2024).
16 https://wirtschaftslexikon.gabler.de/definition/outsourcing-42299 (01.10.2024).

ung, Forschung oder Transport/ Logistik, die nicht zum Kernbereich des Unternehmens zählen, ausgelagert werden. In der einschlägigen Literatur wird Outsourcing oft im Zusammenhang mit Effizienzsteigerung, Kostenreduzierung und strategischer Entscheidungsfindung untersucht. Es ist wichtig, die spezifischen Auswirkungen und Herausforderungen des Outsourcings in einem bestimmten Unternehmenskontext zu analysieren, um fundierte Erkenntnisse zu gewinnen (vgl. Trocki 2001, Matejun 2006, Dressler 2007, Rybiński 2007, Bertschek et al. 2008, Korzeniowska 2009, Power, Desouza, Bonifazi 2010, Marcinkowska 2015, Preußer, Kabas-Komorniczak 2016). Im Vorliegenden wird Outsourcing als Bestandteil einer breiten Auffassung von modernen Unternehmensdienstleistungen (*Business Services*) betrachtet, diese umfasst die Tätigkeit von:
- BPO-Zentren (Business Process Outsourcing, externe Dienstleister),
- SSC-Zentren (Shared Service Centers, interne Dienstleister),
- ITO-Zentren (Information Technology Outsourcing),
- R&D-Zentren (Research&Development, Forschung und Entwicklung) (vgl. ABSL 2017: 6–8).

3.3 Moderne Unternehmensdienstleistungen in Polen

Polen hat sich in den letzten Jahrzehnten als ein führender Standort für Outsourcing-Dienstleistungen in Europa etabliert. Diese Entwicklung ist auf eine Vielzahl globaler und lokaler sozio-ökonomischer Faktoren zurückzuführen, die das Land als attraktives Ziel für internationale Unternehmen positionieren. Basierend auf den im aktuellen ABSL-Bericht[17] dargestellten Daten und Trends bietet diese Analyse einen tiefgehenden Einblick in die Schlüsselbedingungen und Treiber der Outsourcing-Branche in Polen.

Laut dem ABSL-Bericht 2023 hat sich der globale Outsourcing-Markt in den letzten Jahren deutlich erweitert. Unternehmen suchen verstärkt nach effizienten Möglichkeiten, ihre operativen Kosten zu senken und ihre Geschäftstätigkeit zu optimieren. Diese Entwicklung wird durch die zunehmende digitale Transformation und die Verbreitung von Cloud-Technologien begünstigt, die eine räumlich entkoppelte Bereitstellung von Dienstleistungen ermöglichen (ABSL 2023: 5). Der globale Markt für Outsourcing von Geschäftsprozessen (BPO) wird

---

17 Der ABSL-Bericht (auch ABSL-Report) ist eine jährlich veröffentlichte Studie der Association of Business Service Leaders (ABSL), die sich auf die Business-Service-Branche in Polen konzentriert. Der Bericht enthält umfassende Analysen, Daten und Erkenntnisse über die Entwicklung und Trends in den Bereichen Business Process Outsourcing (BPO), Shared Services Centers (SSC), IT-Outsourcing (ITO), und Research and Development (R&D) in Polen, vgl. www.absl.pl (01.10.2024).

in den kommenden Jahren weiter wachsen. Laut den im Bericht dargestellten Daten erreichte der weltweite Marktwert des BPO-Sektors im Jahr 2022 261,9 Milliarden USD und wird voraussichtlich bis 2030 auf etwa 525,2 Milliarden USD anwachsen, mit einer durchschnittlichen jährlichen Wachstumsrate (CAGR) von 9,4 % (ABSL 2023: 5ff.). Diese Wachstumsdynamik bietet Polen Chancen, weiterhin als attraktiver Standort für Outsourcing-Dienstleistungen zu fungieren, insbesondere durch die Verlagerung von Unternehmen hin zu Nearshoring in europäische Länder.

Unternehmen verlagern zunehmend ihre Outsourcing-Aktivitäten in europäische Länder, um von geringeren kulturellen und zeitlichen Unterschieden sowie von regulatorischer Sicherheit zu profitieren, die durch die Mitgliedschaft in der Europäischen Union gewährleistet wird. Polen, als Teil der EU, bietet hierbei eine strategisch günstige Lage und regulatorische Sicherheit. Während früher Offshoring-Destinationen in Asien bevorzugt wurden, zeigt der Bericht eine Verlagerung hin zu Nearshoring in Europa auf, insbesondere aufgrund der geringeren kulturellen und zeitlichen Unterschiede sowie der regulatorischen Sicherheit innerhalb der EU (ABSL 2023: 8). Polen, als Mitglied der Europäischen Union, bietet eine strategische Lage und regulatorische Stabilität, die für europäische Unternehmen attraktiv ist. Diese Faktoren tragen zur wachsenden Bedeutung Polens als Outsourcing-Ziel bei.

Polen verfügt über eine große Anzahl gut ausgebildeter Arbeitskräfte, insbesondere in relevanten Fachbereichen wie IT, Finanzen, Wirtschaft und Ingenieurwesen. Der Bericht hebt hervor, dass jährlich etwa 300.000 Hochschulabsolventen in Polen ihren Abschluss machen, von denen viele über Fachkenntnisse verfügen, die in der Outsourcing-Branche nachgefragt werden (ABSL 2023: 12). Diese gut ausgebildeten Fachkräfte sind mehrsprachig und technologisch versiert, was Polen einen deutlichen Wettbewerbsvorteil verschafft.

Die im Bericht dargestellten Daten zeigen, dass Polen weiterhin wettbewerbsfähige Arbeitskosten im Vergleich zu anderen europäischen Ländern aufweist (ABSL 2023: 15). Die Lohnkosten in Polen sind im Vergleich zu westeuropäischen Ländern weiterhin niedrig. Die durchschnittlichen Gehälter in Outsourcing-Dienstleistungen sind oft deutlich niedriger als in Westeuropa, was Polen zu einer kostengünstigen Option für viele Unternehmen macht (vgl. Eurostat 2023). Berechnet nach den in der Sparte Outsourcing ausgeschriebenen Stellenangeboten verdienen laut dem HR-Portal Jooble Mitarbeiter der Branche moderner Unternehmensdienstleistungen in Polen im Zeitraum November 2024 durchschnittlich rund 2.560 Euro (knapp 11.000 Zloty)[18] monatlich (vgl. Abb. 3).

Polen hat in den letzten Jahren stark in die Modernisierung seiner Infrastruktur investiert, einschließlich des Ausbaus moderner Büroflächen, der Ver-

---

18 Vgl. https://nbp.pl/statystyka-i-sprawozdawczosc/kursy/tabela-a/ (04.12.2024).

Abb. 3. Outsourcing-Branche in Polen – durchschnittliches Monatsgehalt. November 2024 (vgl. https://pl.jooble.org/salary/outsourcing, 10.10.2024)

besserung von Verkehrsnetzen und der Entwicklung einer leistungsfähigen IT- und Kommunikationsinfrastruktur (ABSL 2023: 18). Diese Investitionen haben dazu beigetragen, Polen als Standort für Outsourcing-Dienstleistungen zu stärken und die Ansiedlung internationaler Unternehmen zu fördern, die auf eine verlässliche Infrastruktur angewiesen sind. Es existieren zahlreiche Gründe, die Polen als attraktiven Standort für Outsourcing kennzeichnen. Die polnische Wirtschaft zählt zu den dynamischsten Entwicklungen Europas, unterstützt durch ein hohes Bildungsniveau, das sich in konkreten akademischen Leistungen manifestiert. Zusätzlich verstärkt durch die strategische geografische Position im Herzen Mitteleuropas, den ausgeprägten Unternehmergeist seiner Bevölkerung sowie die ausgeprägte Gastfreundschaft, präsentiert sich Polen als idealer Ort für Outsourcing-Operationen. Im Folgenden werden nach CodeConcept zehn wissenschaftlich fundierte Argumente für das Outsourcing in Polen aufgezählt:
- geografisch strategische Positionierung im Zentrum Europas,
- Wachstum des Bruttoinlandsprodukts doppelt so hoch wie in Westeuropa,
- führende Position im europäischen Investitionsranking,
- zweite Position in Europa hinsichtlich des Investorenvertrauens,
- fünfter Platz weltweit im Ranking der optimalen Standorte für geschäftliche Investitionen,
- ausgezeichnete Infrastrukturressourcen,
- bedeutende intellektuelle Kapazitäten,
- ausgeprägte Tradition in den mathematischen Wissenschaften,

- Sitz einiger der größten Informations- und Technologieunternehmen Europas,
- schönes Land.[19]

Dementsprechend hat sich Polen zu einem der führenden Outsourcing-Ziele in Europa entwickelt. Es verfügt über eine stabile rechtliche und regulatorische Umgebung, die den Schutz von geistigem Eigentum und die Einhaltung internationaler Standards gewährleistet. Die Outsourcing-Branche in Polen ist wettbewerbsintensiv, da es viele Anbieter gibt, die um internationale Aufträge konkurrieren. Dies hat zu einer kontinuierlichen Verbesserung der Dienstleistungen und der Qualität geführt.

Der ABSL-Bericht zeigt, dass die Outsourcing-Branche einer der am schnellsten wachsenden Sektoren in Polen ist und derzeit über 400.000 Arbeitsplätze bietet (ABSL 2023: 20). Diese Dynamik trägt zur Reduktion der Arbeitslosigkeit bei und schafft eine Vielzahl an Beschäftigungsmöglichkeiten, insbesondere in den Bereichen IT, Finanzen und Kundendienst. Sie hat zu einer signifikanten wirtschaftlichen Entwicklung in verschiedenen Regionen Polens beigetragen. Der Bericht hebt hervor, dass Städte wie Krakau, Warschau, Breslau, Posen und Lodz zu den wichtigsten Outsourcing-Zentren zählen, die erhebliche ausländische Investitionen angezogen haben (ABSL 2023: 20).

Die Outsourcing-Branche in Polen umfasst verschiedene Fachbereiche wie
- Informationstechnologie (IT) und Softwareentwicklung: Ein wesentlicher Schwerpunkt liegt in der IT-Branche, wo polnische Outsourcing-Unternehmen oft Dienstleistungen wie Softwareentwicklung, IT-Support, Cloud-Computing-Lösungen, und Cybersecurity anbieten. Diese Unternehmen beschäftigen häufig hochqualifizierte IT-Experten und Softwareentwickler, die auf verschiedene Programmiersprachen und Technologien spezialisiert sind.
- Geschäftsprozess-Outsourcing (BPO): Viele Unternehmen in Polen bieten BPO-Dienstleistungen an, die administrative und Back-Office-Aufgaben umfassen. Dazu gehören Datenverarbeitung, Kundenbetreuung, Buchhaltung, Personalwesen (HR), und Dokumentenmanagement. Diese Dienstleistungen ermöglichen es anderen Unternehmen, sich auf ihre Kerngeschäfte zu konzentrieren, während Routineaufgaben ausgelagert werden.
- Wissensprozess-Outsourcing (KPO): KPO bezieht sich auf die Auslagerung von Aufgaben, die spezialisiertes Wissen oder Expertise erfordern. In Polen beinhaltet dies oft Forschung und Entwicklung, Finanzanalyse, Rechtsdienstleistungen, Ingenieurwesen, und Marktanalyse. KPO-Anbieter in Polen nutzen häufig die hohe Qualifikation ihrer Arbeitskräfte und die vergleichs-

---

19 Vgl. https://www.codeconcept24.de/outsourcing/537-2/ (10.04.2024).

weise niedrigeren Kosten, um wettbewerbsfähige Dienstleistungen anzubieten.
- Shared Services Center (SSC): Einige multinationale Unternehmen haben SSCs in Polen eingerichtet, um interne Unternehmensfunktionen wie Finanzen, HR, IT, und Kundenservice zu zentralisieren. Diese Zentren nutzen die Vorteile von Polens qualifiziertem Arbeitsmarkt und günstigeren Betriebskosten.
- Forschung und Entwicklung (F&E): Polen wird zunehmend zu einem Standort für F&E-Aktivitäten in Bereichen wie Pharmazie, Biotechnologie, und Ingenieurwesen. Outsourcing-Unternehmen bieten hier Dienstleistungen wie Produktentwicklung, klinische Studien, und Patentforschung an.
- Digitale Dienstleistungen: Mit dem Aufstieg des digitalen Zeitalters bieten viele polnische Unternehmen Dienstleistungen im Bereich digitaler Medien, Online-Marketing, SEO, Content-Erstellung, und E-Commerce-Lösungen an.
- Sprachdienstleistungen: Aufgrund der Mehrsprachigkeit und der hohen Bildungsstandards in Polen sind Sprachdienstleistungen wie Übersetzung und Dolmetschen ein weiteres wichtiges Auslagerungsfeld (vgl. zu alldem ABSL 2023: 26–32, 42–53).

Die Prozesse in diesen Unternehmen sind stark auf Effizienz, Qualität und Anpassungsfähigkeit an die Bedürfnisse der Kunden ausgerichtet. Sie nutzen moderne Technologien, fortschrittliche Managementpraktiken und streben nach ständiger Verbesserung ihrer Dienstleistungen, um im globalen Markt wettbewerbsfähig zu bleiben.

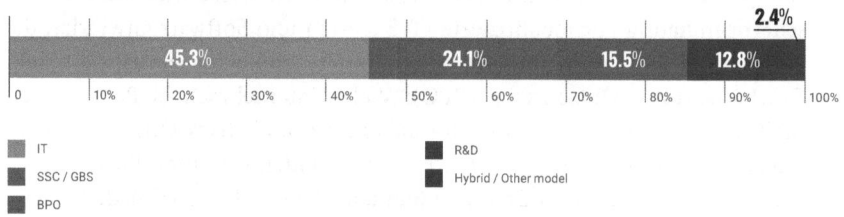

Abb. 4. Outsourcing-Dienstleistungszentren in Polen – Verteilung nach Typ (ABSL 2023: 29)

Zusammenfassend zeigt der Bericht, dass Polen durch seine gut ausgebildeten Arbeitskräfte, seine Kostenwettbewerbsfähigkeit und seine strategische Lage in der EU weiterhin eine Schlüsselrolle im globalen Outsourcing-Markt spielt. Die Trends deuten darauf hin, dass Polen seine Position als führendes Nearshoring-Ziel in Europa weiter stärken wird, was sowohl globale als auch lokale sozioökonomische Vorteile mit sich bringt.

3.3.1 Outsourcing-Unternehmen und philologische Studiengänge

Die Outsourcing-Branche hat sich in Polen in den letzten Jahren rasant entwickelt und stellt heute einen der wichtigsten Sektoren der polnischen Wirtschaft dar. Dies zeigt sich insbesondere in den Bereichen Business Process Outsourcing (BPO), Shared Services Centers (SSC) und IT-Dienstleistungen, die Polen zu einem führenden Standort in Europa gemacht haben (vgl. ABSL 2023). Aufgrund dieser Entwicklungen ist die Nachfrage nach qualifizierten Fachkräften mit Fremdsprachenkenntnissen erheblich gestiegen, was auch Auswirkungen auf die philologischen Studiengänge hat.

Wie aus den Analysen von Stawikowska-Marcinkowska (2020) hervorgeht, ist die Beherrschung von Fremdsprachen, insbesondere Englisch und Deutsch, ein Schlüsselfaktor für den Erfolg in der Outsourcing-Branche. Unternehmen suchen Mitarbeiter, die nicht nur über Sprachkenntnisse verfügen, sondern auch in der Lage sind, diese in fachlichen Kontexten anzuwenden. Diese Anforderungen haben dazu geführt, dass philologische Studiengänge ihre Curricula zunehmend an die Bedürfnisse des Arbeitsmarktes anpassen. Die philologischen Studiengänge in Polen haben in Reaktion auf den wachsenden Bedarf der Outsourcing-Branche begonnen, ihre Lehrpläne um spezialisierte Kurse zu erweitern, die auf die Vermittlung von Fachsprachen und interkulturellen Kompetenzen abzielen (Grzybowska 2024). Dies betrifft sowohl Bachelor- als auch Masterstudiengänge, in denen nun vermehrt Lehrveranstaltungen zu Wirtschaftssprache, Rechtssprache und technischem Englisch angeboten werden. Solche Anpassungen sind notwendig, um Absolventen auf die Anforderungen des Arbeitsmarktes vorzubereiten und ihnen einen erfolgreichen Einstieg in die Outsourcing-Branche zu ermöglichen.

Die steigende Nachfrage nach Fachsprachenkompetenzen in der Outsourcing-Branche hat auch Auswirkungen auf die Ausbildung von Lehrkräften für Fachsprachen. Wie Kic-Drgas (2022) betont, erfordert die effektive Vermittlung von Fachsprachen eine spezielle didaktische Vorbereitung, die sowohl sprachliche als auch fachliche Kenntnisse umfasst. Dies stellt eine Herausforderung für die Hochschulen dar, da die Ausbildung von LSP-Lehrkräften oft noch nicht ausreichend in den Studienplänen verankert ist.

Eine effektive Antwort auf die Bedürfnisse der Outsourcing-Branche erfordert eine enge Zusammenarbeit zwischen Hochschulen und Unternehmen. Laut dem Bericht »Paths of Purpose: A Journey into LSP Teacher Development« (vgl. Kic-Drgas, Jurkovič 2023) ist die Kooperation zwischen Bildungsinstitutionen und der Industrie entscheidend, um praxisnahe Ausbildungsinhalte zu gewährleisten und Studierende besser auf ihre zukünftige berufliche Tätigkeit vorzubereiten. Solche Kooperationen ermöglichen es den Studierenden, praktische Erfahrungen zu sammeln und ihr Fachwissen in realen Arbeitssituationen anzuwenden.

Bisherige Studien im Rahmen des Sprachenbarometer-Projekts (vgl. Kap. 4) zeigten, dass die philologischen Studiengänge in Polen und die Outsourcing-Branche mehrere wichtige Schnittstellen aufweisen, die es wert sind, hervorgehoben zu werden:

- Sprachkompetenzen: Philologische Studiengänge, insbesondere solche, die sich auf Fremdsprachen spezialisieren, versorgen die Outsourcing-Branche mit gut ausgebildeten Mehrsprachlern. Diese Fachkräfte sind unerlässlich für Unternehmen, die Dienstleistungen wie Kundenbetreuung, Übersetzungen und Content-Management in verschiedenen Sprachen anbieten.
- Kulturelles Verständnis: Philologen bringen oft ein tiefes Verständnis für die Kultur und die Feinheiten der Sprachen mit, die sie studieren. Dies ist in der Outsourcing-Branche besonders wertvoll, wenn es darum geht, kulturspezifische Dienstleistungen anzubieten oder globale Märkte zu erschließen.
- Text- und Dokumentenmanagement: Viele philologische Disziplinen umfassen Studien zu Textanalyse und -verarbeitung. Diese Fähigkeiten sind in der Outsourcing-Branche nützlich, wo Dokumentenmanagement und datengesteuerte Prozesse eine Rolle spielen.
- Ausbildungs- und Weiterbildungsmöglichkeiten: Outsourcing-Firmen in Polen nutzen oft die akademischen Ressourcen, um Weiterbildungsprogramme für ihre Mitarbeiter zu entwickeln, insbesondere in sprachlichen und kommunikativen Fähigkeiten.
- Forschung und Entwicklung: Universitäten und andere Bildungseinrichtungen können mit Outsourcing-Unternehmen in Forschungs- und Entwicklungsprojekten zusammenarbeiten, um innovative Lösungen zu entwickeln, die auf sprachlicher Expertise basieren (vgl. zu alldem Kap. 4).

Die genannten Schnittstellen zeigen, wie eng die Verbindung zwischen philologischer Bildung und den Anforderungen der modernen Outsourcing-Branche ist, besonders in einem mehrsprachigen und kulturell vielfältigen Kontext wie in Polen.

3.3.2 Personal und Standorte

Analogisch zu den Vorjahren (vgl. Abb. 5 und 6) hat die moderne Outsourcing-Branche in Polen neuerdings ein erhebliches Wachstum im Bereich der Beschäftigung und Standorte verzeichnet. Im ersten Quartal 2023 beschäftigten die Geschäfts- und IT-Dienstleistungszentren in Polen etwa 435.300 Menschen. Dies stellt eine Steigerung um 8 % im Vergleich zum Vorjahr dar, wobei die drei größten Standorte – Krakau, Warschau und Breslau – 63,4 % dieser Beschäftigten stellten (ABSL 2023). In Polen gibt es 87 Städte, in denen Dienstleistungszentren tätig sind, wobei die größten 18 Städte jeweils mehr als 1.000 Mitarbeiter in der Branche beschäftigen. Krakau führt die Rangliste mit 97.950 Beschäftigten an, gefolgt von Warschau mit 95.300 und Breslau mit 63.400 (ABSL 2023). Diese Zentren spielen eine zentrale Rolle bei der Bereitstellung von Dienstleistungen und haben sich aufgrund ihrer Infrastrukturen und der Verfügbarkeit qualifizierter Arbeitskräfte zu wichtigen Standorten entwickelt.

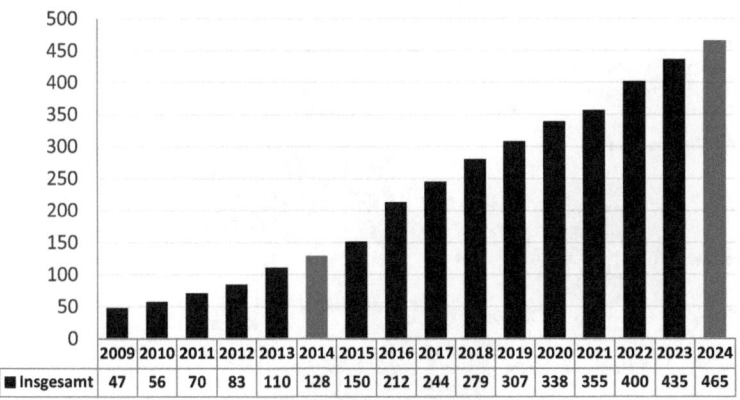

Abb. 5. Outsourcing-Dienstleistungszentren in Polen – Personal 2004–2023 in Tausenden (eigene Bearbeitung nach ABSL 2014: 8, 2015: 8, 2016: 7, 2017: 6 f., 2018: 7, 2019: 7, 2020: 19, 2021: 31, 2022: 23 u. 2023: 27)

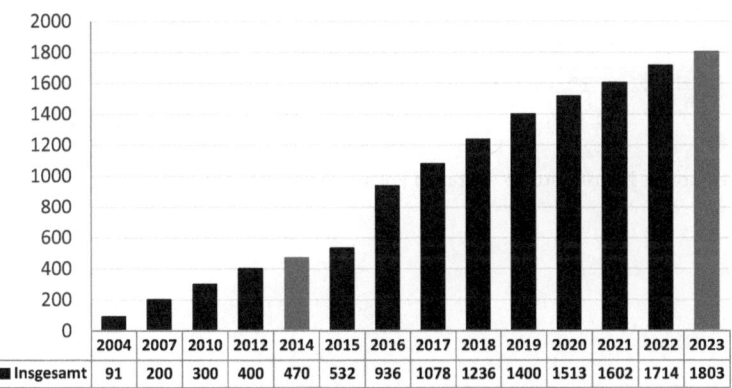

Abb. 6. Outsourcing-Dienstleistungszentren in Polen – Unternehmen 2009–2023 (eigene Bearbeitung nach ABSL 2014: 8, 2015: 8, 2016: 7, 2017: 6 f., 2018: 7, 2019: 7, 2020: 19, 2021: 31, 2022: 23 u. 2023: 27)

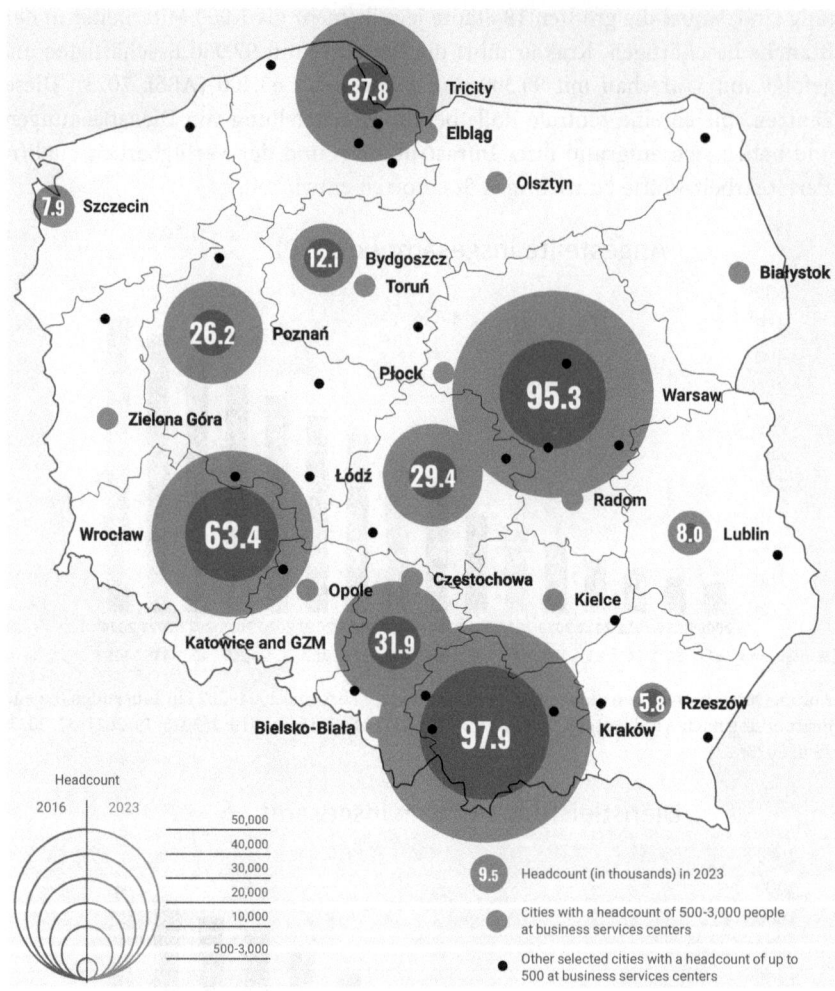

Abb. 7. Outsourcing-Dienstleistungszentren in Polen – Standorte (ABSL 2023: 75)

	2014	2015	2016	2017	2018	2019	2020	2021	2022	2023
Kraków	30.600	35.700	50.300	55.800	64.000	70.000	77.000	82.100	92.700	97.900
Warszawa	22.300	27.000	36.700	42.600	51.300	56.300	64.000	70.200	82.600	95.300
Wrocław	20.500	23.700	34.200	40.000	45.100	47.500	51.900	52.500	59.400	63.400
Trójmiasto	11.500	13.700	16.900	19.300	23.100	25.500	27.900	30.200	33.700	37.800
Łódź	10.800	13.100	15.600	18.100	20.500	23.200	25.900	26.300	28.100	29.400
Katowice	10.000	11.200	16.500	19.000	20.900	23.700	25.800	27.500	29.700	31.900
Poznań	7.500	9.000	11.400	13.500	15.000	16.800	18.200	19.100	21.900	26.200

Abb. 8. Outsourcing-Dienstleistungszentren in Polen – Personal und Standorte 2014–2023 (eigene Bearbeitung nach ABSL 2014: 9, 2015: 9, 2016: 12, ABSL 2017: 11, 2018: 14, 2019: 16, 2020: 58, 2021: 68, 2022: 81 u. 2023: 75)

Die Verteilung der Beschäftigten in den Dienstleistungszentren variiert je nach Standortkategorie. Die wichtigsten Städte wie Krakau, Warschau und Breslau gehören zur Kategorie 1, in der die größte Anzahl von Arbeitsplätzen geschaffen wurde (insgesamt 256.648 Mitarbeiter im Jahr 2023) (ABSL 2023). Städte der Kategorie 2, darunter Danzig, Kattowitz und Posen, verzeichnen ebenfalls ein stetiges Wachstum, während Städte der Kategorien 3 und 4 wie Bydgoszcz und Lublin kleinere, aber wachsende Anteile haben.

3.3.3 Sprachen

Englisch spielt in den Dienstleistungszentren Polens eine herausragende Rolle und fungiert als *Lingua franca* für die internationale Kommunikation. In 93,6 % der Zentren wird Englisch als zentrale Arbeitssprache genutzt. Darüber hinaus führen 41,5 % der Dienstleistungszentren ihre gesamten Geschäftsprozesse ausschließlich auf Englisch durch. Dies unterstreicht die Bedeutung des Englischen als unverzichtbare Kommunikationsbasis in einem globalisierten Arbeitsumfeld. Englisch ist damit die primäre Sprache, die sowohl für interne Abläufe als auch für die Kundenkommunikation verwendet wird (ABSL 2023: 50 f.).

Neben Englisch ist Deutsch eine der wichtigsten Sprachen im polnischen Dienstleistungssektor. Deutschland ist einer der größten Handelspartner Polens, und viele Unternehmen betreiben enge Geschäftsbeziehungen zu deutschen

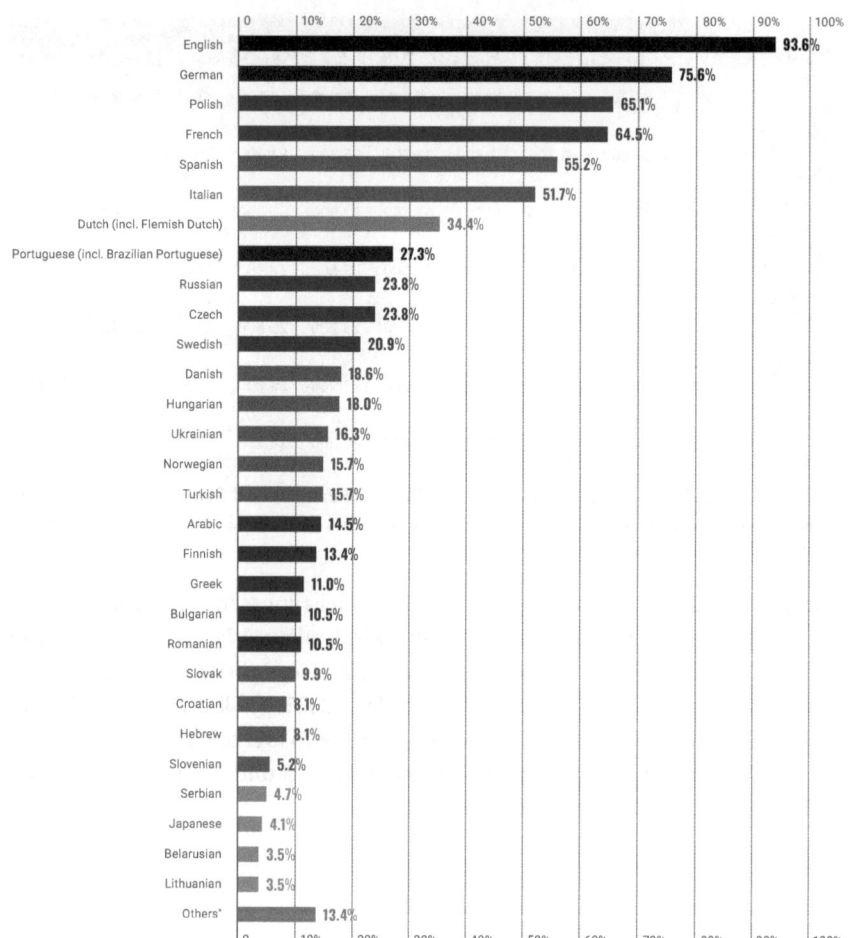

Abb. 9. Outsourcing-Dienstleistungszentren in Polen – verwendete Sprachen (ABSL 2023: 51)

Kunden. Deutsch wird in mehr als der Hälfte der Zentren verwendet, was die zentrale Rolle der Sprache in der Kundenbetreuung und bei Geschäftsprozessen unterstreicht. Viele der Dienstleistungen, die in Polen erbracht werden, richten sich an den deutschsprachigen Markt, was Deutsch zu einer strategisch bedeutenden Sprache macht (vgl. ABSL 2023: 51).

Im Durchschnitt nutzen die polnischen Geschäftszentren sieben Sprachen, wobei die Anzahl der Sprachen pro Zentrum in einigen Fällen bis zu 32 erreichen kann. Neben Englisch und Deutsch gehören zu den häufig genutzten Sprachen auch Französisch, Spanisch und Polnisch. Dies zeigt die hohe Internationalität und die sprachliche Vielfalt in der Branche (vgl. ABSL 2023).

Aufgrund der hohen Nachfrage nach sprachlicher Kompetenz bieten 61 % der Organisationen im Dienstleistungssektor Sprachzulagen für Mitarbeiter mit Mehrsprachigkeit. Besonders Deutsch wird hier oft mit zusätzlichen Boni honoriert, da die Beherrschung der deutschen Sprache in vielen Zentren als eine wertvolle und gefragte Fähigkeit angesehen wird (vgl. ABSL 2023).

3.3.4 Wissenszweige, Fachgebiete und Geschäftsprozesse

Der polnische Sektor der modernen Dienstleistungen deckt eine breite Palette von Fachgebieten ab, die von IT über Finanzen bis hin zu Personalwesen reichen. Zu den am häufigsten vertretenen Fachgebieten gehören Finanz- und Rechnungswesen (z. B. Buchhaltung, Finanzplanung), IT-Management (einschließlich Cloud-Services und Cybersicherheit) sowie die Verwaltung von Personalressourcen (wie Personalabrechnung und Talentmanagement). In den polnischen Dienstleistungszentren werden zahlreiche geschäftskritische Prozesse abgewickelt. Zu den wichtigsten Prozessen gehören das Management von Bestellungen und Rechnungen, die Planung und Analyse von Finanzen, aber auch komplexe IT-Prozesse wie die Lebenszyklusverwaltung von Anwendungen und IT-Projektmanagement. Diese Prozesse erfordern in der Regel spezialisierte Fähigkeiten und tiefergehendes Wissen in den jeweiligen Fachbereichen (vgl. ABSL 2023: 42–53).

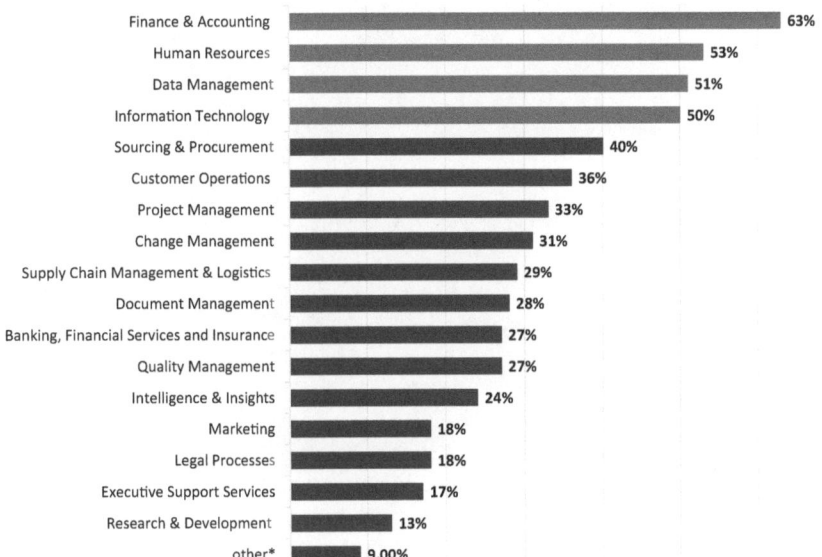

Abb. 10. Outsourcing-Dienstleistungszentren in Polen – Geschäftsprozesse (ABSL 2023: 47f.)

Eine der wichtigsten Entwicklungen in den letzten Jahren ist die zunehmende Automatisierung von Geschäftsprozessen. Technologien wie Robotic Process Automation (RPA) und Künstliche Intelligenz (KI) werden zunehmend in IT- und Finanzprozessen eingesetzt. Dies ermöglicht eine höhere Effizienz und Skalierbarkeit, insbesondere in Bereichen wie der Datenverarbeitung und im Finanzwesen. Etwa 58,2 % der Unternehmen in Polen nutzen bereits intelligente Prozessautomatisierung, was die Bedeutung dieser Technologien in modernen Geschäftsprozessen unterstreicht (vgl. ABSL 2023: 106–116).

Die Vielfalt der Wissenszweige und Fachgebiete sowie die fortschreitende Automatisierung von Geschäftsprozessen machen Polen zu einem attraktiven Standort für moderne Dienstleistungen. Die Entwicklung spezialisierter Fähigkeiten und die effiziente Nutzung fortschrittlicher Technologien sind entscheidend für den zukünftigen Erfolg der Branche.

4. Die Outsourcing-Branche im Fokus linguistischer Studien – Sprachenbarometer Lodz 2014–2024

4.1 Genese und Hintergrund

In Anbetracht der dargestellten Spezifik des Wirtschaftssektors der Business Services, der modernen Unternehmensdienstleistungen (vgl. Kap. 3), bildet die in Polen immens wachsende Outsourcing-Branche mit zunehmender Rolle von Schlüsselkompetenzen, Zukunftsfähigkeiten sowie der Tendenz zu institutioneller und individueller innerer wie äußerer Mehrsprachigkeit für die linguistisch angesetzte Fachsprachenforschung wie auch die Fremd- und Fachsprachendidaktik einen attraktiven Forschungsgegenstand (vgl. Kap. 1). In Anlehnung an den akademischen und wissenschaftlichen Diskurs um die Herausforderungen, Chancen, Wendepunkte und Folgen der Dritten Mission von Hochschulen verlangen außer der Betrachtung der Spezifik des Arbeitsmarktes ferner Faktoren wie die Vielfältigkeit der Lernenden, deren speziellen und spezifischen Bedürfnisse, zukünftige Arbeitsbereiche aber auch die Organisation des Lernprozesses selbst nach einer Diskussion um die Lerninhalte und Methoden. Im Zentrum der Überlegungen liegen also unter anderem an die Profile und Anforderungen der Lernenden angepassten Lehrformen, -programme, -inhalte und -techniken sowie Mittel zur Evaluierung und Bewertung der Lernerfolge. In diesem Kontext sollen ebenfalls die fachlich-sachliche wie methodische Berufsvorbereitung der Lehrkräfte berücksichtigt werden, welche immer häufiger mit berufsorientierten und/ oder fach- und berufsspezialisierten Lernergruppen konfrontiert werden und deshalb selbst an Formen (fach)sprachlicher wie beruflicher Weiterbildung Interesse zeigen (vgl. Sowa, Mocarz-Kleindienst, Czyżewska 2015: 9–10). Somit liegt der Fremd- und Fachsprachenunterricht für berufliche Zwecke wie bereits erwähnt nicht einzig und allein im Spektrum der jeweiligen Ausbildungsstätten, denn

> [a]ls Weg zur Bewältigung der außerschulischen Berufswirklichkeit kann die enge Zusammenarbeit von Lehrstätten mit verschiedenen Partnern – seien es die zukünftigen Arbeitgeber wie auch die Lernenden selbst – »**originelle, innovative und/ oder**

zeitgemäß maßgeschneiderte didaktische Lösungen in Form von Lehrprogrammen, -methoden, -mitteln oder -techniken mit sich bringen« (Sowa, Mocarz-Kleindienst, Czyżewska 2015: 9-10, Herv. A.S.M./ J.M.).

Insofern ist die im vorliegenden Band dargestellte Langzeitstudie Sprachenbarometer Lodz 2014-2024 auf die für die Fremd- und Fachsprachenausbildung zu beruflichen Zwecken relevanten externen und internen Variationsparameter innerhalb von den drei genannten Bereichen ausgerichtet: den aktuell herrschenden Arbeitsmarktbedingungen und -anforderungen, dem didaktischen Potenzial der Bildungsinstitutionen wie auch den Anforderungen, Motivation und Lernmöglichkeiten der Lernenden selbst. Das Spektrum von Einsatzmöglichkeiten, die sich aus der Zusammenstellung der Daten aus den genannten drei Zielrichtungen ergeben, ist als durchaus breit zu betrachten: es ermöglicht zum einen im engeren Sinn die Isolierung branchenspezifischer Fachbereiche, die daraufhin aus linguistischer, fremd- oder fachsprachendidaktischer wie auch fachsprachenpropädeutischer Perspektive ausgewertet und analysiert werden können. Aus der Datenauswertung ergeben sich ferner zahlreiche Indizien und Hinweise für Ausbildungseinrichtungen auf mehreren Ebenen wie etwa im Bereich der curricularen Politik, aber auch den breit gefassten Arbeitsmarkt und die BPO-Branche selbst etwa im Hinblick auf deren Beschäftigungs- oder Weiterbildungsstrategien, *last but not least* aber auch die breite Öffentlichkeit und die Verwaltungsebene, Sprachschulen, Lehrwerkautoren, Verlage oder Fremd- und Fachsprachenlehrer für berufliche Zwecke etc. (vgl. hierzu Makowski 2014: 137-138).

4.2 Methodisches Vorgehen

In Anlehnung an die genannten globalen Zielsetzungen und Zielrichtungen der Studie wurden in dem Zeitraum von 2014 bis 2024 insgesamt zwölf Sprachenbarometer-Erhebungen vollständig realisiert. Überwiegend richtete sich das Forschungsinteresse auf die Ermittlung der aktuell herrschenden Arbeitsmarktbedingungen und -anforderungen innerhalb der Outsourcing-Branche. Gewählte Erhebungen waren ebenfalls auf Studierende der weit gefassten philologischen Studienfächer ausgerichtet wie der Germanischen Philologie oder der Linguistics for business, wodurch ebenfalls indirekt Daten zu den durch die Lehrstätte angebotenen Studienrichtungen und studentischen Praktika in Kooperation mit Vertretern der sozio-wirtschaftlichen Umgebung der Hochschule erfasst und ausgewertet werden konnten.

Die an die Vertreter der Branche moderner Unternehmensdienstleistungen gerichteten Sprachenbarometer-Erhebungen variieren im Lauf der Jahre im

Hinblick auf die Umfrageadressaten und Untersuchungsteilnehmer sowie die eingesetzten Werkzeuge. Die Untersuchungsmethoden wechseln dabei zwecks eines mehr detaillierten Einblicks in die Spezifik der ausgeführten fachkommunikativen Tätigkeit der Mitarbeiter von einem quantitativen in Richtung eines qualitativen Ansatzes. Untersuchungsempfänger der drei initialen Editionen 1/2014, 2/2015 und 4/2017 (vgl. Tab. 3, 4 und 6) waren jeweils HR-Abteilungen der sich an der Erhebung beteiligenden Outsourcing-Unternehmen innerhalb der Stadt Lodz. In Anlehnung an die globale Zielsetzung des Forschungsvorhabens fokussierte sich die Fragestellung innerhalb der einzelnen Editionen auf die Beschäftigungsstruktur der Unternehmen in Bezug auf die Fremdsprachenkenntnisse von Angestellten, abgewickelte Geschäftsprozesse, Zukunftsperspektiven bezüglich des personellen Ausbaus sowie den Bedarf nach bestimmten (Fremd)sprachen und/ oder Sprachkombinationen, Anforderungen gegenüber Angestellten und Kandidaten in Bezug auf Kriterien wie Ausbildung, Berufserfahrung, starke oder weiche Kompetenzen, Einsatzbereiche von Fremd- und Fachsprachen zu beruflichen Zwecken, besonders geforderte Sprachfertigkeiten oder fachkommunikative Situationskontexte, unternehmensinterne allgemeine und berufsorientierte fremdsprachliche Aus- und Weiterbildung von Angestellten, ggf. auch gemeinsame Initiativen in Kooperation mit Hochschulen im Rahmen der Dritten Mission oder Aktivitäten in Bereichen wie Umweltschutz, Nachhaltigkeit und gesellschaftliche Verantwortung von Unternehmen (*Corporate Social Responsibility*, *CSR*, vgl. Makowski 2015). Unter den Untersuchungsteilnehmern waren je nach Erhebung Dienstleistungszentren mit einer zum Zeitpunkt der Datenerhebung unterschiedlichen Beschäftigungsstruktur und Angestelltenzahl vertreten, von Unternehmen mit über 2000 Mitarbeitern wie etwa Infosys BPO Poland, Fujitsu/ Fujitsu Technology Solutions oder Tom-Tom Polska Sp. z o. o. mit ca. 500 bis 900 Angestellten bis zu Dienstleistungsunternehmen wie Ceri International Sp. z o. o. oder Xerox mit einer Beschäftigtenzahl rund um 100 bis 200 Mitarbeiter (1/2014, 2/2015, vgl. Tab. 3 und 4). Die quantitativen Gesamtergebnisse der fragebogenbasierten Umfragen umfassen je nach Edition zwischen 28 % und 33 % des Marktes moderner Unternehmensdienstleistungen innerhalb der Stadt Lodz und werden jeweils nach der Gesamtzahl der Beschäftigten der an der Erhebung teilnehmenden Unternehmen im Verhältnis zu der Gesamtzahl der Beschäftigten im Sektor der modernen Unternehmensdienstleistungen gemäß dem ABSL-Bericht für den jeweiligen Erhebungszeitraum berechnet.

Ein quantitativer Untersuchungsansatz ermöglichte somit die Erhebung und Analyse ausgesprochen umfangreicher und nicht selten in Einzelfällen auch detaillierter Datenmengen zu allen Mitarbeitern der an der Untersuchung teilnehmenden Dienstleistungsunternehmen. Beispielsweise wurden im Rahmen der Erhebung 2/2015 die allgemeinen Angaben zu den Fremdsprachenkenntnissen der Angestellten sowie dem Bedarf nach Kandidaten mit bestimmtem Sprachkenntnissen von zwei Untersuchungsadressaten bis auf die detaillierte Aufteilung nach Sprachniveaus spezifiziert (vgl. Tab. 1 und 2). Bei dem zum überwiegenden Teil in dem Fachbereich Bankwesen spezialisierten Dienstleistungszentrum Ceri International Sp. z o. o.[20] mit zu dem Zeitpunkt der Datenerhebung insgesamt 201 Mitarbeitern dominierten die Arbeitssprachen Englisch (120 Angestellte) und Deutsch (79) (vgl. Tab 1). Gleichzeitig waren zur damaligen Zeit insgesamt 10 Arbeitsstellen mit Englisch, 30 Stellen mit Deutsch und 15 Stellen mit der Sprachenkombination Englisch und Deutsch jeweils auf den Sprachniveaus B2-C1 ausgeschrieben.

	A1/A2	B1/B2	C1/C2	C3	Insgesamt
Englisch	14	76	30		120
Deutsch	33	28	18		79
Spanisch	2				2

Tab. 1. Ceri International Sp. z o. o. – Beschäftigungsstruktur nach Fremdsprachenkenntnissen. April 2015 (vgl. Makowski 2015)

Im Fall von Infosys BPO Poland[21] als personalstärkstem Untersuchungsteilnehmer mit 2103 Angestellten war die Sprachenpalette zur Abwicklung der umfangreichen Geschäftsprozesse ausgesprochen breit, mit Englisch als Verkehrs- und Arbeitssprache und obligatorischer Anforderung für alle Mitarbeiter auf dem Mindestniveau B2 sowie einigen deutlich dominierenden weiteren Arbeitssprachen wie Polnisch (1830 Angestellte), Französisch (225), Deutsch (97) oder Spanisch (73) (vgl. Tab 2). Insgesamt ausgeschrieben waren zum Zeitpunkt der Untersuchung über 300 Stellen mit Fremdsprachenkenntnissen, darunter 200 Stellen mit Englisch, 30 Stellen mit Französisch und 16 Stellen mit Deutsch, gefolgt von Schwedisch (12), Italienisch, Norwegisch und Spanisch (je 10) (vgl. Makowski 2015: 16–19).

	B1	B2	C1	C2	C3	Insgesamt
Englisch		obligatorische Anforderung (mindestens B2) für alle Angestellte				2103
Polnisch					1830	1830
Französisch		56	63	106		225
Deutsch	1	30	29	37		97
Spanisch		12	21	40		73

---

20 Vgl. https://ceri.pl/de (01.10.2024).
21 Vgl. https://www.infosysbpm.com/poland.html (01.10.2024).

(Fortsetzung)

	B1	B2	C1	C2	C3	Insgesamt
Niederländisch	1	11	5	24		41
Russisch		2	8	30		40
Italienisch		11	7	19		37
Rumänisch					20	20
Arabisch				19		19
Ungarisch				18		18
Schwedisch		4	1	12		17
Portugiesisch		2	2	12		16
Tschechisch	1	2	4	8		15
Türkisch	1	1		13		15
Griechisch			2	10		12
Finnisch		1		9		10
Norwegisch		3	3	1		7
Dänisch		1		5		6
Estnisch				5		6
Hindi				4		4
Slowakisch			1	3		4
Slowenisch		1	1	1		3
Bulgarisch				1		1
Hebräisch				1		1
Litauisch				1		1
Lettisch				1		1

Tab. 2. Infosys BPO Poland – Beschäftigungsstruktur nach Fremdsprachenkenntnissen. April 2015 (vgl. Makowski 2015)

Im Rahmen des Eingesetzten quantitativen Forschungsansatzes konnten allerdings nicht bei allen Unternehmen aus betriebsinternen Gründen präzise Daten ermittelt werden, ggf. mussten auch die Forschungsergebnisse und/ oder Datensets teilweise oder ganz anonymisiert werden. Die in den initialen Editionen nach quantitativem Ansatz gesammelten Schlüsseldaten ermöglichten in Bezug auf den Gegenstand des vorliegenden Bands – die berufs- und fachkommunikative Spezifik der Outsourcing-Branche in Polen – das Ausformulieren bestimmter Arbeitsthesen wie unter anderem der starke Trend zum Mehrsprachigkeitsprinzip mit Englisch als obligatorischer Verkehrs- und/ oder Arbeitssprache sowie weiteren dominierenden Arbeitssprachen wie etwa Deutsch, Französisch, Italienisch oder Spanisch, eine immense Dynamik der Outsourcing-Branche sowohl im Bereich des personellen Ausbaus, Gewinnung neuer Kunden und Märkte, aber auch einer hohen Rate obligatorischer und/ oder freiwilliger Personalfluktuation. Hinzu kommt ein durchaus breites jedoch von Einzelfall zu Einzelfall quantitativ wie qualitativ variierendes Spektrum der abgewickelten Geschäftsprozesse sowie sehr unterschiedliche Anforderungen bezüglich der Verwendung bestimmter Sprachfertigkeiten sowie der Einsatzbereiche von Fremd- und Fachsprachen am aktuellen Arbeitsplatz. Absolventen weit gefasster philologischer Studienfächer machen in der Beschäftigungsstruktur je nach Unternehmen im Durchschnitt zwischen 11 % bis über 25 % aus (vgl. Makowski 2018b 20–27, 2014, 2015).

Einen wesentlichen Wendepunkt bildet in diesem Zusammenhang die Entscheidung für den Einsatz qualitativ orientierter Untersuchungsmethoden und -werkzeuge. Für einen detaillierten und individualisierten Einblick in die Spezifik der berufsorientierten Fachkommunikation am aktuellen Arbeitsplatz sollten mittels der jeweils gewählten Untersuchungswerkzeuge die Mitarbeiter als Untersuchungsadressaten und zugleich -teilnehmer angesprochen werden. Die Erhebungen 7/2020 und 8/2020 waren somit als Pilotstudien konzipiert und jeweils an HR-Abteilungen von zwei Dienstleistungsunternehmen im bisher eingesetzten quantitativen Fragebogenformat sowie zum ersten Mal in Form eines vertieften Interviews individuell an zwei Mitarbeiter der Outsourcing-Branche mit Abschluss in weitgefassten philologischen Studienfächern mit Deutsch gerichtet (vgl. Tab. 7 und 8).

In Anlehnung an die Erkenntnisse aus beiden Pilotstudien sind die letzteren beiden Erhebungen zur berufskommunikativen Spezifik der Branche moderner Unternehmensdienstleistungen in Polen jeweils nach einem qualitativen anonymisierten Ansatz in Fragebogenformat individuell an Mitarbeiter der Outsourcing-Branche adressiert. Unternehmensteilnehmer der Erhebung 9/2021 sind ergo Mitarbeiter der Outsourcing-Branche mit Hochschulabschluss und zugleich Absolventen philologischer Studienrichtungen der Philologischen Fakultät der Universität Lodz mit Deutsch als Pflichtfach (Germanische Philologie, Linguistics for business (L4B), Deutsch-Polnische Studien etc.). Die Schwerpunktsetzung im Bereich der institutionellen und individuellen Mehrsprachigkeit zu beruflichen Zwecken wird dabei auf die Einzelsprache Deutsch gelegt (vgl. Tab. 11). Die im vorliegenden Band dargestellte aktuellste Erhebung 12/2023 setzt den qualitativen anonymisierten Ansatz in Fragebogenformat fort mit einer teils modifizierten Charakteristik der Zielgruppe. Um dem im Vorhergehenden erläuterten Schlüsselcharakteristikum der Branche moderner Unternehmensdienstleistungen – der institutionellen sowie individuellen äußeren und inneren Mehrsprachigkeit – noch mehr Rechnung zu tragen, richtet sich die Erhebung ebenfalls individuell an Mitarbeiter der Branche moderner Unternehmensdienstleistungen in Lodz, im gegebenen Fall einer gewählten Abteilung eines internationalen Shared-Services-Unternehmens in Lodz für Kunden der DACHL-Märkte. Allerdings ist die Ausbildung im Sinne Ausbildungsgrad und abgeschlossene Studienrichtungen bei der Auswahl der Probandengruppe kein Faktor. Gleichzeitig werden Daten zu allen zu beruflichen Zwecken eingesetzten Einzelsprachen, Fertigkeiten und Fachsprachen erhoben (vgl. Tab. 14, siehe hierzu Kap. 5).

Lodzer Sprachenbarometer 2014 (1/2014)	
Zeitraum und Ort der Datenerhebung	April 2014, Lodz
Untersuchungsteilnehmer	– Infosys BPO Poland (2178 Mitarbeiter) – Fujitsu (ca. 730 Mitarbeiter) – South Western BPS Poland (ca. 500 Mitarbeiter) – Xerox (ca. 160 Mitarbeiter)
Umfrageadressaten	HR-Abteilungen der Untersuchungsteilnehmer
Charakteristik der Zielgruppe	Unternehmen der Branche moderner Business Services: 33 % des Marktes moderner Unternehmensdienstleistungen innerhalb der Stadt Lodz berechnet nach der Gesamtzahl der Beschäftigten der an der Erhebung teilnehmenden Unternehmen im Verhältnis zu der Gesamtzahl der Beschäftigten im Sektor der modernen Unternehmensdienstleistungen gemäß dem ABSL-Bericht für den jeweiligen Erhebungszeitraum (3568/ 10800 Angestellte)
Untersuchungsmethode	Quantitative fragebogenbasierte Umfrage
Erstveröffentlichung der Untersuchungsergebnisse	– Makowski, Jacek (2014): *Lodzer Sprachenbarometer 2014. Fremdsprachengebrauch vs Fremdsprachenerwerb im Kontext des Lodzer Arbeitsmarktes*. In: Kaczmarek, Dorota/ Makowski, Jacek/ Michoń, Marcin/ Weigt, Zenon (Hg.): Didaktische und linguistische Implikationen der interkulturellen Kommunikation. Łódź: Wydawnictwo Uniwersytetu Łódzkiego, 133–146.

Tab. 3. Sprachenbarometer Lodz 2014–2024 – Erhebung 1/2014 (vgl. Makowski 2014)

Evaluierung der Anforderungen von Unternehmen gegenüber Kandidaten mit Fremdsprachenkenntnissen (2/2015)	
Zeitraum und Ort der Datenerhebung	Januar–April 2015, Lodz
Untersuchungsteilnehmer	– Ceri international sp. z o.o. (201 Mitarbeiter) – Fujitsu Technology Solutions (ca. 900 Mitarbeiter) – Infosys BPO Poland (2103 Mitarbeiter) – TomTom Polska sp. z o.o. (ca. 500 Mitarbeiter) – Xerox (ca. 140 Mitarbeiter)
Umfrageadressaten	HR-Abteilungen der Untersuchungsteilnehmer
Charakteristik der Zielgruppe	Unternehmen der Branche moderner Business Services: 28 % des Marktes moderner Unternehmensdienstleistungen innerhalb der Stadt Lodz berechnet nach der Gesamtzahl der Beschäftigten der an der Erhebung teilnehmenden Unternehmen im Verhältnis zu der Gesamtzahl der Beschäftigten im Sektor der modernen Unternehmensdienstleistungen gemäß dem ABSL-Bericht für den jeweiligen Erhebungszeitraum (3704/ 13100 Angestellte)
Untersuchungsmethode	Quantitative fragebogenbasierte Umfrage
Erstveröffentlichung der Untersuchungsergebnisse	– Makowski, Jacek (2015): *Ewaluacja potrzeb przedsiębiorstw w zakresie kandydatów ze znajomością języków obcych.* Norway Grants, Fundusz Stypendialny i Szkoleniowy, FSS/ 2014/HEI/W/0110. Łódź: Uniwersytet Łódzki – Wydział Filologiczny

Tab. 4. Sprachenbarometer Lodz 2014–2024 – Erhebung 2/2015 (vgl. Makowski 2015)

Linguistics for business (L4B). Fokusgruppenstudie: Studierende (3/2015)	
Zeitraum und Ort der Datenerhebung	Mai 2015, Lodz
Untersuchungsteilnehmer, Untersuchungsadressaten	Studierende, anonymisiert
Charakteristik der Zielgruppe	75 Studierende des ersten und zweiten Studienjahres des Studienfachs Linguistics for business (L4B) der Universität Lodz
Untersuchungsmethode	Qualitatives vertieftes Interview
Erstveröffentlichung der Untersuchungsergebnisse	– Universität Lodz, Philologische Fakultät. Norway Grants, FSS/2014/HEI/W/0110 (für interne Zwecke)

Tab. 5. Sprachenbarometer Lodz 2014–2024 – Erhebung 3/2015 (eigene Bearbeitung)

Methodisches Vorgehen 73

Fremd- und Fachsprachen in Berufskommunikation. Sprachenbarometer Lodz 2017 (4/2017)	
Zeitraum und Ort der Datenerhebung	August–Oktober 2017, Lodz
Untersuchungsteilnehmer	4 Teilnehmer, aus betriebsinternen Gründen anonymisiert
Umfrageadressaten	HR-Abteilungen der Untersuchungsteilnehmer
Charakteristik der Zielgruppe	Unternehmen der Branche moderner Business Services: 30 % des Marktes moderner Unternehmensdienstleistungen innerhalb der Stadt Lodz berechnet nach der Gesamtzahl der Beschäftigten der an der Erhebung teilnehmenden Unternehmen im Verhältnis zu der Gesamtzahl der Beschäftigten im Sektor der modernen Unternehmensdienstleistungen gemäß dem ABSL-Bericht für den jeweiligen Erhebungszeitraum (5506/ 18100 Angestellte)
Untersuchungsmethode	Quantitative fragebogenbasierte Umfrage
Erstveröffentlichung der Untersuchungsergebnisse	– Makowski, Jacek (2018b): *Rola czynników obiektywnych w dydaktyce języków specjalistycznych na poziomie uniwersyteckim. Omówienie wyników badania ankietowego w ramach projektu »Językowy barometr Łodzi«*. In: Komunikacja specjalistyczna 15, 16, 15–30.

Tab. 6. Sprachenbarometer Lodz 2014–2024 – Erhebung 4/2017 (vgl. Makowski 2018b)

Fremd- und Fachsprachen in Berufskommunikation: Studierende. Sprachenbarometer Lodz 2018 (5/2018)	
Zeitraum und Ort der Datenerhebung	Mai 2018, Lodz
Untersuchungsteilnehmer, Untersuchungsadressaten	Studierende, anonymisiert
Charakteristik der Zielgruppe	25 Studierende des dritten Bachelor-Studienjahres des Studienfachs Linguistics for business (L4B) der Universität Lodz
Untersuchungsmethode	Qualitative fragebogenbasierte Umfrage
Erstveröffentlichung der Untersuchungsergebnisse	Universität Lodz, Philologische Fakultät (für interne Zwecke)

Tab. 7. Sprachenbarometer Lodz 2014–2024 – Erhebung 5/2018 (eigene Bearbeitung)

Fremd- und Fachsprachen in Berufskommunikation: Studierende. Sprachenbarometer Lodz 2019 (6/2019)	
Zeitraum und Ort der Datenerhebung	Mai 2019, Lodz
Untersuchungsteilnehmer, Untersuchungsadressaten	Studierende, anonymisiert
Charakteristik der Zielgruppe	25 Studierende des dritten Bachelor-Studienjahres des Studienfachs Linguistics for business (L4B) der Universität Lodz
Untersuchungsmethode	Qualitative fragebogenbasierte Umfrage
Erstveröffentlichung der Untersuchungsergebnisse	Universität Lodz, Philologische Fakultät (für interne Zwecke)

Tab. 8. Sprachenbarometer Lodz 2014–2024 – Erhebung 6/2019 (eigene Bearbeitung)

Fremd- und Fachsprachen in Berufskommunikation. Sprachenbarometer Lodz 2020 [Pilotstudie, Unternehmen] (7/2020)	
Zeitraum und Ort der Datenerhebung	Dezember 2020, Lodz
Untersuchungsteilnehmer	2 Teilnehmer, aus betriebsinternen Gründen anonymisiert
Umfrageadressaten	HR-Abteilungen der Untersuchungsteilnehmer
Charakteristik der Zielgruppe	Unternehmen der Branche moderner Business Services: 3 % des Marktes moderner Unternehmensdienstleistungen innerhalb der Stadt Lodz berechnet nach der Gesamtzahl der Beschäftigten der an der Erhebung teilnehmenden Unternehmen im Verhältnis zu der Gesamtzahl der Beschäftigten im Sektor der modernen Unternehmensdienstleistungen gemäß dem ABSL-Bericht für den jeweiligen Erhebungszeitraum (850/ 25900 Angestellte)
Untersuchungsmethode	Quantitative fragebogenbasierte Umfrage
Erstveröffentlichung der Untersuchungsergebnisse	Universität Lodz, Philologische Fakultät (für interne Zwecke)

Tab. 9. Sprachenbarometer Lodz 2014–2024 – Erhebung 7/2020 (eigene Bearbeitung)

Fremd- und Fachsprachen in Berufskommunikation. Sprachenbarometer Lodz 2020 [Pilotstudie, Mitarbeiter] (8/2020)	
Zeitraum und Ort der Datenerhebung	Dezember 2020, Lodz
Untersuchungsteilnehmer	2 Teilnehmer, anonymisiert
Umfrageadressaten	Mitarbeiter
Charakteristik der Zielgruppe	Mitarbeiter von Unternehmen der Branche moderner Business Services innerhalb der Stadt Lodz mit Abschluss im weitgefassten philologischen Studienfach mit Deutsch
Untersuchungsmethode	Qualitatives vertieftes Interview
Erstveröffentlichung der Untersuchungsergebnisse	Universität Lodz, Philologische Fakultät. Für interne Zwecke.

Tab. 10. Sprachenbarometer Lodz 2014–2024 – Erhebung 8/2020 (eigene Bearbeitung)

Sprachenbarometer Lodz 2021. Mitarbeiter des Sektors moderner Business Services (9/2021)	
Zeitraum und Ort der Datenerhebung	Juli–Oktober 2021, Lodz
Untersuchungsteilnehmer	39 Teilnehmer, anonymisiert
Umfrageadressaten	Mitarbeiter
Charakteristik der Zielgruppe	Mitarbeiter der Branche moderner Unternehmensdienstleistungen in Lodz und zugleich Absolventen philologischer Studienrichtungen der Philologischen Fakultät der Universität Lodz mit Deutsch als Pflichtfach (Germanische Philologie, Linguistik für Unternehmen (L4B), Deutsch-Polnische Studien etc.)
Untersuchungsmethode	Qualitative fragebogenbasierte Umfrage

(Fortsetzung)

Sprachenbarometer Lodz 2021. Mitarbeiter des Sektors moderner Business Services (9/2021)	
Erstveröffentlichung der Untersuchungsergebnisse	– Makowski, Jacek/ Stawikowska-Marcinkowska, Agnieszka/ Grzeszczakowska-Pawlikowska, Beata (2022): *Językowy Barometr Łodzi 2021. Pracownicy sektora nowoczesnych usług dla biznesu (dataset)*. Łódź: Uniwersytet Łódzki <https://repozytorium.uni.lodz.pl/handle/11089/43511> – Grzeszczakowska-Pawlikowska, Beata/ Makowski, Jacek/ Stawikowska-Marcinkowska, Agnieszka (2022): *Languages for Specific Purposes in the Business Services Sector in Poland 2021. Origins, Background, Results and Perspectives of the Language Barometer of Lodz*. In: Academic Journal of Modern Philology 16, 75–89. – Stawikowska-Marcinkowska, Agnieszka (2022): *Linguistics for business (L4B) der Universität Łódź: ein Studiengang im Geist der Kompetenz- und Praxisorientiertheit. Sprachenbarometer Łódź 2021 – Stand und Prognosen*. In: Academic Journal of Modern Philology 16, 231–242. – Makowski, Jacek (2022a): *Germanistik im Beruf: Ausbildung, Karrierechancen, Realität. Spezifik der beruflichen (Fach-)Kommunikation von Germanisten in der Branche moderner Unternehmensdienstleistungen in Polen*. In: Academic Journal of Modern Philology 16, 171–182. – Grzeszczakowska-Pawlikowska, Beata (2022): *Kommunikative Sprechkompetenz als gefragte Schlüsselkompetenz auf der Unternehmensebene – einige Ergebnisse des Projekts »Sprachenbarometer Lodz (Łódź) 2021«*. In: Academic Journal of Modern Philology 16, 91–100.

Tab. 11. Sprachenbarometer Lodz 2014–2024 – Erhebung 9/2021 (eigene Bearbeitung)

Studierende der Linguistics for business (L4B). Sprachenbarometer Lodz 2022 (10/2022)	
Zeitraum und Ort der Datenerhebung	Juni 2022, Lodz
Untersuchungsteilnehmer, Untersuchungsadressaten	Studierende
Charakteristik der Zielgruppe	14 Studierende des dritten Bachelor-Studienjahres des Studienfachs Linguistics for business (L4B) der Universität Lodz
Untersuchungsmethode	Qualitative fragebogenbasierte Umfrage
Erstveröffentlichung der Untersuchungsergebnisse	Universität Lodz, Philologische Fakultät (für interne Zwecke)

Tab. 12. Sprachenbarometer Lodz 2014–2024 – Erhebung 10/2022 (eigene Bearbeitung)

Methodisches Vorgehen 77

Studierende der Germanischen Philologie (BA). Sprachenbarometer Lodz 2022 (11/2022)	
Zeitraum und Ort der Datenerhebung	Juni 2022, Lodz
Untersuchungsteilnehmer, Untersuchungsadressaten	Studierende
Charakteristik der Zielgruppe	14 Studierende des dritten Bachelor-Studienjahres des Studienfachs Germanische Philologie (BA) der Universität Lodz
Untersuchungsmethode	Qualitative fragebogenbasierte Umfrage
Erstveröffentlichung der Untersuchungsergebnisse	Universität Lodz, Philologische Fakultät (für interne Zwecke)

Tab. 13. Sprachenbarometer Lodz 2014–2024 – Erhebung 11/2022 (eigene Bearbeitung)

Sprachenbarometer Lodz 2023. Mitarbeiter des Sektors moderner Business Services (12/2023)	
Zeitraum und Ort der Datenerhebung	April–Mai 2023, Lodz
Untersuchungsteilnehmer	16 Teilnehmer, aus betriebsinternen Gründen anonymisiert
Umfrageadressaten	Mitarbeiter
Charakteristik der Zielgruppe	Mitarbeiter der Branche moderner Unternehmensdienstleistungen in Lodz einer gewählten Abteilung im internationalen Shared-Services-Unternehmen in Lodz für Kunden der DACHL-Märkte. Ausbildung ist kein Faktor bei der Auswahl der Zielgruppe. Erfragt werden alle zu beruflichen Zwecken eingesetzten (Fremd)sprachen, Fertigkeiten und Fachsprachen.
Untersuchungsmethode	Qualitative fragebogenbasierte Umfrage
Erstveröffentlichung der Untersuchungsergebnisse	– Stawikowska-Marcinkowska Agnieszka/ Makowski Jacek (2025) *Berufskommunikative und fachsprachendidaktische Spezifik der Outsourcing-Branche in Polen.* Göttingen. V&R unipress.

Tab. 14. Sprachenbarometer Lodz 2014–2024 – Erhebung 12/2023 (eigene Bearbeitung)

Erhebung	Zeitraum, Ort	Umfrageadressaten	Untersuchungsteilnehmer	Charakteristik der Zielgruppe	Untersuchungsmethode	Untersuchungswerkzeug
Lodzer Sprachenbarometer 2014 (1/2014)	April 2014, Lodz	Unternehmen, HR-Abteilungen	4 Unternehmen – Infosys BPO Poland – Fujitsu – South Western BPS Poland – Xerox	33 % des Marktes moderner Unternehmensdienstleistungen innerhalb der Stadt Lodz	quantitativ	Fragebogen
Evaluierung der Anforderungen von Unternehmen gegenüber Kandidaten mit Fremdsprachenkenntnissen (2/2015)	Januar–April 2015, Lodz	Unternehmen, HR-Abteilungen	5 Unternehmen – Ceri international sp. z o.o. – Fujitsu Technology Solutions – Infosys BPO Poland – TomTom Polska sp. z o.o. – Xerox	28 % des Marktes moderner Unternehmensdienstleistungen innerhalb der Stadt Lodz	quantitativ	Fragebogen
Linguistics for Business (L4B) Fokusgruppenstudie: Studierende (3/2015)	Mai 2015, Lodz	Studierende	75 Probanden	Studierende des ersten und zweiten Studienjahres des Studienfachs Linguistics for business (L4B) der Universität Lodz	qualitativ	Vertieftes Interview

(Fortsetzung)

Erhebung	Zeitraum, Ort	Umfrageadressaten	Untersuchungsteilnehmer	Charakteristik der Zielgruppe	Untersuchungsmethode	Untersuchungswerkzeug
Fremd- und Fachsprachen in Berufskommunikation. Sprachenbarometer Lodz 2017 (4/2017)	August–Oktober 2017, Lodz	Unternehmen, HR-Abteilungen	4 Unternehmen, aus betriebsinternen Gründen anonymisiert	30 % des Marktes moderner Unternehmensdienstleistungen innerhalb der Stadt Lodz	quantitativ	Fragebogen
Fremd- und Fachsprachen in Berufskommunikation: Studierende. Sprachenbarometer Lodz 2018 (5/2018)	Mai 2018, Lodz	Studierende	25 Probanden, anonymisiert	Studierende des dritten Bachelor-Studienjahres des Studienfachs Linguistics for business (L4B) der Universität Lodz	qualitativ	Fragebogen
Fremd- und Fachsprachen in Berufskommunikation: Studierende. Sprachenbarometer Lodz 2019 (6/2019)	Mai 2019, Lodz	Studierende	25 Probanden, anonymisiert	Studierende des dritten Bachelor-Studienjahres des Studienfachs Linguistics for business (L4B) der Universität Lodz	qualitativ	Fragebogen
Fremd- und Fachsprachen in Berufskommunikation. Sprachenbarometer Lodz 2020 [Pilotstudie, Unternehmen] (7/2020)	Dezember 2020, Lodz	Unternehmen, HR-Abteilungen	2 Unternehmen, aus betriebsinternen Gründen anonymisiert	3 % des Marktes moderner Unternehmensdienstleistungen innerhalb der Stadt Lodz	qualitativ	Fragebogen
Fremd- und Fachsprachen in Berufskommunikation. Sprachenbarometer Lodz 2020 [Pilotstudie, Mitarbeiter] (8/2020)	Dezember 2020, Lodz	Mitarbeiter	2 Probanden, anonymisiert	Mitarbeiter der Outsourcing-Branche mit Abschluss in weitgefassten philologischen Studienfächern mit Deutsch	qualitativ	Vertieftes Interview

(Fortsetzung)

Erhebung	Zeitraum, Ort	Umfrageadressaten	Untersuchungsteilnehmer	Charakteristik der Zielgruppe	Untersuchungsmethode	Untersuchungswerkzeug
Sprachenbarometer Lodz 2021. Mitarbeiter des Sektors moderner Business Services (9/2021)	Juli–Oktober 2021, Lodz	Mitarbeiter	39 Probanden, anonymisiert	Mitarbeiter der Outsourcing-Branche mit Abschluss und zugleich Absolventen philologischer Studienrichtungen der Philologischen Fakultät der Universität Lodz mit Deutsch als Pflichtfach (Germanische Philologie, Linguistics for business (L4B), Deutsch-Polnische Studien etc.)	qualitativ	Fragebogen
Studierende der Linguistics for Business (L4B). Sprachenbarometer Lodz 2022 (10/2022)	Juni 2022, Lodz	Studierende	14 Probanden, anonymisiert	Studierende des dritten Bachelor-Studienjahres des Studienfachs Linguistics for business (L4B) der Universität Lodz	qualitativ	Fragebogen
Studierende der Germanischen Philologie (BA). Sprachenbarometer Lodz 2022 (11/2022)	Juni 2022, Lodz	Studierende	14 Probanden, anonymisiert	Studierende des dritten Bachelor-Studienjahres des Studienfachs Linguistics for business (L4B) der Universität Lodz	qualitativ	Fragebogen

(Fortsetzung)

Erhebung	Zeitraum, Ort	Umfrageadressaten	Untersuchungsteilnehmer	Charakteristik der Zielgruppe	Untersuchungsmethode	Untersuchungswerkzeug
Sprachenbarometer Lodz 2023. Mitarbeiter des Sektors moderner Business Services (12/2023)	21.04.–09.05.2023, Lodz	Mitarbeiter	16 Probanden, anonymisiert	Mitarbeiter der Branche moderner Unternehmensdienstleistungen in Lodz einer gewählten Abteilung im internationalen Shared-Services-Unternehmen in Lodz für Kunden der DACHL-Märkte. Ausbildung ist kein Faktor bei der Auswahl der Zielgruppe. Erfragt werden alle zu beruflichen Zwecken eingesetzten (Fremd)sprachen, Fertigkeiten und Fachsprachen.	qualitativ	Fragebogen

Tab. 15. Sprachenbarometer Lodz 2014–2024 – Zusammenstellung (eigene Bearbeitung)

4.3 Wendepunkte und Perspektiven

Die innerhalb des vergangen Zeitraums 2014–2024 durchgeführten insgesamt zwölf Erhebungen der Langzeitstudie Sprachenbarometer Lodz richten sich im Hinblick auf die drei wesentlichen Zielrichtungen des Projekts – das soziowirtschaftliche Umfeld, Lernende sowie Lehrstätten – primär auf dem wirtschaftlichen Bereich der Branche moderner Unternehmensdienstleistungen. Untersuchungsadressaten waren in der initialen Phase nach dem quantitativen Ansatz die jeweiligen Personalabteilungen der an der Untersuchung teilnehmenden Unternehmen, in den folgenden qualitativ angesetzten Projektphasen wurden individuell die Mitarbeiter der Dienstleistungszentren innerhalb der Outsourcing-Branche adressiert. Dieser methodische Wendepunkt ermöglichte einen viel detaillierteren Einblick in die Spezifik der beruflichen Fachkommunikation der untersuchten Wirtschaftssparte. Beide methodischen Ansätze sowie die gewählten Untersuchungswerkzeuge sind mit branchen- sowie betriebsinterne Beschränkungen behaftet, wie etwa der Notwendigkeit der Anonymisierung oder gar der Verweigerung des Zugangs zu bestimmten relevanten Schlüsseldaten. Gewählte Erhebungen wie 3/2015, 5/2018, 6/2019, 10/2022, 11/2022 richteten sich in Bezug auf die globalen Zielrichtungen des Projekts ebenfalls direkt an Studierende der weit gefassten philologischen Studienfächer wie etwa Germanische Philologie oder Linguistics for business (L4B). Indirekt konnten dadurch Daten zu den durch die Lehrstätte angebotenen Studienrichtungen und studentischen Praktika in Kooperation mit Vertretern der soziowirtschaftlichen Umgebung der Hochschule erfasst und in anonymisierter Form für interne Zwecke ausgewertet werden (vgl. zu alldem Tab. 15).

Als Zwischenfazit der bisher realisierten Erhebungen lassen sich als eventuelle Forschungsperspektiven folgende Vorschläge für Wendepunkte festhalten:
- Einsatz gemischter methodischer Ansätze und Untersuchungswerkzeuge, unabhängig von den Untersuchungsadressaten, -teilnehmern sowie der Spezifik der Zielgruppe,
- konsequente proportionale Datenerhebung in allen vorgesehenen globalen Zielrichtungen des Projekts,
- eine getrennte weitere Zielrichtung zur Festlegung der Korrelationen zwischen der Ausbildung der Mitarbeiter gegenüber deren im Rahmen individueller äußerer und innerer Mehrsprachigkeit wahrgenommenen fachkommunikativen Aufgaben am aktuellen Arbeitsplatz (vgl. Kap. 5.4).

5. Aktuelle Studienergebnisse zur berufskommunikativen und fachsprachendidaktischen Spezifik der Outsourcing-Branche in Polen – Sprachenbarometer Lodz 2023

5.1 Untersuchungsdesign und Präsentation der Forschungsergebnisse

Die im Jahr 2023 durchgeführte qualitative fragebogenbasierte Studie u. d. T. »Sprachenbarometer Lodz 2023. Mitarbeiter des Sektors moderner Business Services (12/2023)«[22] hatte zum Ziel, wesentliche Faktoren zu isolieren, die den Prozess des Fremd- und Fachsprachenunterrichts in beruflichen Kontexten an Hochschulen beeinflussen können. Dabei lag ein besonderer Fokus auf der Identifizierung aktueller Anforderungen des Arbeitsmarktes sowie der Anpassungsfähigkeit der Studienprogramme an diese Anforderungen.

Im Hinblick auf Untersuchungsteilnehmer und -adressaten galt das Forschungsinteresse insbesondere Mitarbeitern einer bestimmten isolierten Fachabteilung eines Outsourcing-Unternehmens, deren Tätigkeit auf Kunden aus DACHL-Märkten (Deutschland, Österreich, Schweiz, Liechtenstein) ausgerichtet ist. In Bezug auf die Untersuchungsmethode und das Untersuchungswerkzeug erfolgte die Datenerhebung in Form eines digitalen an alle Untersuchungsteilnehmer adressierten Umfrageformulars in einem begrenzten Zeitraum vom 21. April bis zum 9. Mai 2023. Aus betriebsinternen Gründen unterliegen die Studienergebnisse einer vollständigen Anonymisierung. Der Untersuchungsbogen war mittels interner unternehmenseigener Kommunikationskanäle an die Untersuchungsteilnehmer zugestellt worden, in keiner der Phasen der Durchführung der Fragenbogenuntersuchung war eine Identifizierung der jeweiligen Untersuchungsteilnehmenden möglich. Bei der Veröffentlichung der globalen sowie individuellen qualitativen Untersuchungsergebnisse werden die Angaben der jeweiligen insgesamt 16 Testpersonen durch laufende Nummerierung von [1]

---

22 Konzept und Durchführung: Kamil Łuczak M. A., Dr. Agnieszka Stawikowska-Marcinkowska, Univ.-Prof. Dr. habil. Jacek Makowski. Abteilung Spezialisierte Linguistik und Didaktik am Institut für Germanistik, Universität Lodz. Vgl. https://jezykowybarometr.wixsite.com/lodz, www.facebook.com/TheLanguageBarometerofLodz (01.10.2024).

bis [16] kodiert. Jegliche zur Identifikation des an der Untersuchung teilnehmenden Unternehmens sowie dessen Mitarbeiter führenden Angaben sowie sensible Daten in den Fragebögen wurden ggf. anonymisiert und/ oder getilgt. Die im Dataset für die graphische Darstellung der Forschungsergebnisse verwendeten Avatars (vgl. Kap. 5.2) dienen einzig und allein der Übersichtlichkeit (etwa zum Einsatz in Tagungspräsentationen) und können in keiner Weise zur Identifikation der Testpersonen führen.

Das Untersuchungsziel richtete sich nach der globalen Zielsetzung und Zielrichtungen des Sprachenbarometer-Projekts (vgl. Kap. 1) und bestand in der Ermittlung der am häufigsten geforderten Sprachkenntnisse und Bereiche der Fremd- und Fachsprachenverwendung am Arbeitsplatz unter Mitarbeitern des modernen Unternehmensdienstleistungssektors. Die wesentliche Fragestellung der Studie fokussierte sich eingangs auf dem Ausbildungsstand (Bildungsstufe und abgeschlossene Studienrichtungen), Berufserfahrung in der Branche moderner Unternehmensdienstleistungen sowie dem Stand der aktuellen Sprachkenntnisse (Muttersprache(n) und Fremdsprache(n) mit Angaben der Kompetenzniveaus nach der GeR-Skala) der Untersuchungsteilnehmer (vgl. Abb. 11). Der anschließende Teil richtete sich auf die Ermittlung der Rolle und der Einsatzbereiche der jeweiligen Einzelsprachen nach Sprachfertigkeiten, in der jeweiligen Sprache abgewickelten Geschäftsprozesse (einzelnen Fachsprachen) sowie den meist auftretenden Fachtextsorten in den jeweiligen Fachbereichen. Der folgende Teil des Untersuchungsbogens galt den angebotenen unternehmensinternen allgemeinen und berufsorientierten fremd- und fachsprachlichen Aus- und Weiterbildung der Angestellten. Im abschließenden Teil des Fragebogens wurden Daten zu den Anforderungen am aktuellen Arbeitsplatz gegenüber den abgeschlossenen Studienfächern der Untersuchungsteilnehmer sowie den am Arbeitsplatz auftretenden kommunikativen Hürden erhoben.

[2] »Olav«

Ausbildung
Germanische Philologie MA (Universität Lodz)
Theoretische Physik MA (Universität Lodz)

Berufserfahrung
4–6 Jahre

Sprachkenntnisse
Polnisch (Muttersprache)
Englisch (C1)
Deutsch (C2)
Französisch (B2)
Spanisch (B1)

Abb. 11. Sprachenbarometer Lodz 2023 – Präsentation der Forschungsergebnisse: Kurzprofil – Testperson [2]

Die Fragestellung zur Bedeutung einzelner Sprachfertigkeiten am aktuellen Arbeitsplatz jeweils zu beruflichen Themen und Zwecken erfolgte innerhalb von fünf Kategorien vereinzelt für jede Sprache und umfasste im Detail die Sparten:
- Hören: Teilnahme am Face-to-Face-Gespräch, telefonischem Gespräch, Videokonferenz-Meeting (MS Teams / Zoom / Skype etc.), Diskussionen und Verhandlungen, Rezeption von mündlichen Anleitungen, Aufforderungen und Erläuterungen sowie Rezeption von Präsentationen,
- Lesen: Rezeption von Artikeln in der Fachpresse, E-Mails, schriftlichen Anleitungen, Aufforderungen und Erläuterungen, Fachtexten sowie traditioneller Handelskorrespondenz,
- Sprechen und Interaktion: Aktive Teilnahme an Diskussionen und Verhandlungen, Face-to-Face-Gesprächen und telefonischen Gesprächen, Videokonferenz-Meeting (MS Teams, Zoom, Skype etc.), Produktion von mündlichen Anleitungen, Aufforderungen, Erläuterungen sowie Vorführen von Präsentationen,
- Schreiben: Produktion von schriftlichen Anleitungen, Aufforderungen, Erläuterungen, Produktion von allgemeinen sowie fachspezifischen Texten, Notizen von Besprechungen und Meetings, Textzusammenfassungen, Verfassen von Artikeln in der Fachpresse und Artikeln für interne Wissensdatenbanken, Erstellung von Fachterminologie-Glossaren, Verfassen von Dokumenten im Rahmen traditioneller Handelskorrespondenz sowie E-Mails, Vorbereitung von Präsentationen zu beruflichen Themen sowie Ausfüllen von Formularen,
- Übersetzungen: Schriftliche Übersetzung, Flüster-, Konsekutiv- sowie Simultandolmetschen[23].

Die Bewertung der Bedeutung einzelner Sprachaktivitäten innerhalb einer bestimmten Sprachfertigkeit erfolgte in Form von geschlossenen Fragen auf einer Punkteskala von »definitiv relevant« (3 Punkte) über »eher relevant« (2 Punkte) und »eher irrelevant« (1 Punkt) bis »definitiv irrelevant« (0 Punkte). Gegeben war ebenfalls die Möglichkeit der Beifügung von zusätzlichen Anmerkungen und Kommentaren zu jeder Sparte. Bei der Darstellung der Ergebnisse wird dabei für die jeweilige Sprachfertigkeit ein Durchschnittswert ausgerechnet, explizit aufgelistet werden dabei alle mit »definitiv relevant« markierten Einzelaktivitäten (vgl. hierzu die Angaben aus Tab. 12 mit den dargestellten Ergebnissen *Schreiben 1,9/3; Anleitungen, nichtfachliche Texte, Fachtexte, E-Mails, Formulare* in Tab. 13). Die Markierung »*« bei der Angabe »Englisch« in der Sparte »(Fremd-)Spracheneinsatz für berufliche Zwecke« identifiziert Englisch als eine obligatorische Anforderung am gegebenen Arbeitsplatz.

---

23 Vgl. hierzu Velásquez-Bellot (2004) und Gajewska, Sowa (2014: 128–130).

Die Fragestellung zu Geschäftsprozessen (Wissensbereichen), in deren Rahmen die jeweilige Sprache am aktuellen Arbeitsplatz zu beruflichen Themen und Zwecken eingesetzt wird, erfolgte in Form einer Multiple-Choice-Frage in folgenden Fachbereichen:
- Banking, Financial and Insurance specific
- Customer Operations
- Data Management
- Finance & Accounting
- Human Resources
- Information Technology
- Marketing
- Research & Development
- Sourcing & Procurement
- Supply Chain Management & Logistics
- sonstige

Die am häufigsten auftretenden Fachtexte ggf. Fachtextsorten in den angegebenen Bereichen wurden in Form einer offenen Fragestellung ermittelt.

	Definitiv relevant	Eher relevant	Eher irrelevant	Definitiv irrelevant
Produktion von schriftlichen **Anleitungen** / Aufforderungen / Erläuterungen / zu beruflichen Themen	O			
Produktion von **allgemeinen Texten** zu beruflichen Themen	O			
Produktion von **Fachtexten** zu beruflichen Themen	O			
Notizen von Besprechungen / Meetings		O		
Zusammenfassungen von Texten zu beruflichen Themen			O	
Verfassen von **Artikeln** in der Fachpresse			O	
Verfassen von **Artikeln** für interne Wissensdatenbanken			O	
Erstellung von Fachterminologie-**Glossaren**				O
Verfassen von **traditioneller Handelskorrespondenz** zu beruflichen Themen				O
Verfassen von **E-Mails** zu beruflichen Themen	O			

(Fortsetzung)

	Definitiv relevant	Eher relevant	Eher irrelevant	Definitiv irrelevant
Vorbereitung von **Präsentationen** zu eruflichen Themen		O		
Ausfüllen von **Formularen**	O			

Abb. 12. Sprachenbarometer Lodz 2023 – Antworten zur Fertigkeit SCHREIBEN – Testperson [2]

(Fremd-)Spracheneinsatz für berufliche Zwecke	
Englisch* (C1) (1,7/3)	
Fertigkeiten	**Hören 2,3/3** Videokonferenz-Meetings, Diskussionen/ Verhandlungen, Präsentationen **Lesen 2,6/3** E-Mails, Anleitungen, Fachtexte **Sprechen und Interaktion 2,2/3** Videokonferenz-Meetings, Anleitungen **Schreiben 1,6/3** Nichtfachliche Texte, E-Mails, Formulare **Übersetzen 0/3**
Fachbereiche	Customer Operations Finance & Accounting
Fachtexte	*Rechnung, Vertrag, Bedienungsanleitung*
Deutsch (C2) (2/3)	
Fertigkeiten	**Hören 2,8/3** Telefongespräche, Videokonferenz-Meetings, Diskussionen/Verhandlungen, Anleitungen, Präsentationen **Lesen 2,8/3** E-Mails, Anleitungen, Fachtexte, traditionelle Handelskorrespondenz **Sprechen und Interaktion 2,3/3** Telefongespräche, Videokonferenz-Meetings, Anleitungen **Schreiben 1,9/3** Anleitungen, nichtfachliche Texte, Fachtexte, E-Mails, Formulare **Übersetzen 0/3**
Fachbereiche	Customer Operations Finance & Accounting
Fachtexte	*Rechnung, Vertrag, Bedienungsanleitung, Angebot, juristische und technische Texte*

(Fortsetzung)

(Fremd-)Spracheneinsatz für berufliche Zwecke	
Französisch (B2) (1,36/3)	
Fertigkeiten	**Hören 1,7/3** Videokonferenz-Meetings **Lesen 2,2/3** E-Mails, Anleitungen, Fachtexte **Sprechen und Interaktion 1,5/3** Videokonferenz-Meetings **Schreiben 1,4/3** Nichtfachliche Texte, Fachtexte, E-Mails, Formulare **Übersetzen 0/3**
Fachbereiche	Customer Operations Finance & Accounting
Fachtexte	*Rechnung, Vertrag, Bedienungsanleitung, Angebot, juristische und technische Texte*

Abb. 13. Sprachenbarometer Lodz 2023 – Präsentation der Forschungsergebnisse: (Fremd-)Spracheneinsatz für berufliche Zwecke – Testperson [2]

Die Fragestellung zu den angebotenen unternehmensinternen allgemeinen und berufsorientierten fremd- und fachsprachlichen Aus- und Weiterbildung der Angestellten erfolgte im Rahmen von Multiple-Choice-Fragen mit gegebener Möglichkeit der Beifügung von zusätzlichen Anmerkungen und Kommentaren innerhalb folgender Bereiche:

- Lehrstätten, Lehrkräfte: interne Lehrkräfte (andere Mitarbeiter), externe Lehrkräfte im Auftrag der Unternehmen, externe Unternehmen (z. B. Sprachschulen im Auftrag des Arbeitgebers),
- Lernziele, Lerninhalte: allgemeine Sprachausbildung von allen Fertigkeiten, Konversationen, Businesssprache/ Wirtschaftssprache, Fachsprachen, Fachübersetzungen, Vorbereitung auf eine Zertifikats-Prüfung, grammatisches Training, Aussprachetraining,
- Lehrmaterialien, Lernformen, didaktische Hilfsmittel und Medien: Lehrbücher, Wörterbücher, audiovisuelles Material, Sprachlabors, PC/ Tablet, E-Learning-Plattformen (z. B. Moodle), Kommunikationsplattformen wie MS Teams, Zoom, Skype o. ä., von externen Lehrkräften erarbeitete Lehrbücher, Scripts oder Glossare, interne Unternehmensunterlagen zu didaktischen Zwecken sowie
- Evaluierung der Lehrkräfte, Lerninhalte und Lernziele (vgl. hierzu Stawikowska-Marcinkowska, Makowski 2023b).

Die Schlussdaten des Fragebogens zu den Anforderungen am aktuellen Arbeitsplatz gegenüber den abgeschlossenen Studienfächern der Untersuchungsteilnehmer sowie den am Arbeitsplatz auftretenden kommunikativen Hürden wurden in Anlehnung an geschlossene ja/ nein Fragen und einer Notenskala von »5 (sehr gut)« über »4 (gut)«, »3 (befriedigend)«, »2 (schlecht)« bis »1 (sehr schlecht)« mit offener Möglichkeit zusätzlicher Anmerkungen und Kommentare ermittelt.

Berufskommunikative Sprachausbildung im Unternehmen	
Lehrstätten, Lehrkräfte	Externe Lehrkräfte im Auftrag der Unternehmen
Lernziele, Lerninhalte	Allgemeine Sprachausbildung von allen Fertigkeiten, Konversationen, Businesssprache/Wirtschaftssprache, grammatisches Training
Lehrmaterialien, Lernformen, didaktische Hilfsmittel und Medien	Lehrbücher, audiovisuelles Material, PC/Tablet, E-Learning Plattformen (z. B. Moodle), Kommunikationsplattformen wie MS Teams, Zoom, Skype o. ä., von externen Lehrkräften erarbeitete Lehrbücher/Scripts/Glossare
Schlussdaten	
Abgeschlossenes Studienfach im Kontext des aktuellen Arbeitsplatzes	4/5 (gut) *Relativ gut: die Sprache von juristischen oder technischen Texten war mir aus dem philologischen Studium bekannt (vor allem juristische Texte). Notwendig wären wissenschaftliche Texte gewesen, aus dem Bereich Rechnungswesen oder aus dem Bereich HR.*
Kommunikative Schwierigkeiten am aktuellen Arbeitsplatz	ja *Mangel an Geduld und dem Willen zur Verständigung seitens der Muttersprachler, aggressive Korrespondenz (mit vielen Ausrufezeichen, gestörter Interpunktion, unterbrochene und/ oder nichtssagende Nachrichten; Aggression gegenüber weniger erfahrenen Mitarbeitern oder wenn deren Sprachniveau unter dem erwarteten liegt), Umgangssprache und orthographische/ grammatische Fehler seitens der Muttersprachler*

Abb. 14. Sprachenbarometer Lodz 2023 – Präsentation der Forschungsergebnisse: Berufskommunikative Sprachausbildung im Unternehmen, Schlussdaten – Testperson [2]

5.2 Präsentation des Datenmaterials (Dataset)

In Anlehnung an das in Kap. 5.1 dargestellte Untersuchungsdesign wird das erhobene Datenmaterial im vorliegenden Band zur Übersicht in Form von tabellarischen Lebenslauf-Musterbeispielen der jeweiligen Untersuchungsteilnehmer dargestellt.

[01] »Jens« 	**Ausbildung** Germanische Philologie MA (Universität Lodz) **Berufserfahrung** unter 2 Jahren **Sprachkenntnisse** Polnisch (Muttersprache) Englisch (C1) Deutsch (C2)
(Fremd-)Spracheneinsatz für berufliche Zwecke	
Polnisch (Muttersprache) (1,85/3)	
Fertigkeiten	**Hören 2/3** **Lesen 2/3** Artikel in der Fachpresse, Fachtexte **Sprechen und Interaktion 3/3** Diskussionen/Verhandlungen, Face-to-Face-Gespräche, Telefongespräche, Videokonferenz-Meetings, Anleitungen, Präsentationen **Schreiben 1,75/3** Anleitungen, Fachtexte, Artikel in der Fachpresse, E-Mails, Präsentationen **Übersetzen 0,5/3**
Fachbereiche	Human Resources Research & Development
Fachtexte	*Wissenschaftliche Texte*
Englisch (C1) (0,65/3)	
Fertigkeiten	**Hören 1/3** **Lesen 1,2/3** **Sprechen und Interaktion 0,3/3** **Schreiben 0,25/3** **Übersetzen 0,5/3**
Fachbereiche	Research & Development
Fachtexte	*Abstracts von Artikeln*

Deutsch (C2) (1,9/3)	
Fertigkeiten	**Hören 2,5/3** Face-to-Face-Gespräche, Diskussionen/Verhandlungen, Anleitungen, Präsentationen **Lesen 2,6/3** Artikel in der Fachpresse, E-Mails, Anleitungen, Fachtexte **Sprechen und Interaktion 2,5/3** Diskussionen/Verhandlungen, Face-to-Face-Gespräche, Präsentationen **Schreiben 1,5/3** Anleitungen, Fachtexte, Artikel in der Fachpresse, Präsentationen **Übersetzen 0,5/3**
Fachbereiche	Research & Development *Sprachwissenschaft*
Fachtexte	*Artikel, Monographie*
Berufskommunikative Sprachausbildung im Unternehmen	
	nein
Schlussdaten	
Abgeschlossenes Studienfach im Kontext des aktuellen Arbeitsplatzes	5/5 (sehr gut) *Einer der am meisten geschätzten Dozenten hatte in seinem Zimmer am schwarzen Brett die Aufschrift: »Jeden Tag wächst die Zahl von Menschen, die mich am … lecken können«*
Kommunikative Schwierigkeiten am aktuellen Arbeitsplatz	ja *zu hohe Anzahl nicht gefilterter Nachrichten*

Tab. 16. Sprachenbarometer Lodz 2023 – Präsentation der Forschungsergebnisse – Testperson [1]

[02] »Olav« 	**Ausbildung** Germanische Philologie MA (Universität Lodz) Theoretische Physik MA (Universität Lodz) **Berufserfahrung** 4–6 Jahre **Sprachkenntnisse** Polnisch (Muttersprache) Englisch (C1) Deutsch (C2) Französisch (B2) Spanisch (B1)
(Fremd-)Spracheneinsatz für berufliche Zwecke	
Englisch* (C1) (1,8/3)	
Fertigkeiten	**Hören 2,3/3** Videokonferenz-Meetings, Diskussionen/Verhandlungen, Präsentationen **Lesen 2,6/3** E-Mails, Anleitungen, Fachtexte **Sprechen und Interaktion 2,2/3** Videokonferenz-Meetings, Anleitungen **Schreiben 1,6/3** Nichtfachliche Texte, E-Mails, Formulare **Übersetzen 0,25/3**
Fachbereiche	Customer Operations Finance & Accounting
Fachtexte	*Rechnung, Vertrag, Bedienungsanleitung*
Deutsch (C2) (2/3)	
Fertigkeiten	**Hören 2,8/3** Telefongespräche, Videokonferenz-Meetings, Diskussionen/Verhandlungen, Anleitungen, Präsentationen **Lesen 2,8/3** E-Mails, Anleitungen, Fachtexte, traditionelle Handelskorrespondenz **Sprechen und Interaktion 2,3/3** Telefongespräche, Videokonferenz-Meetings, Anleitungen **Schreiben 1,9/3** Anleitungen, nichtfachliche Texte, Fachtexte, E-Mails, Formulare **Übersetzen 0,25/3**
Fachbereiche	Customer Operations Finance & Accounting
Fachtexte	*Rechnung, Vertrag/Kontrakt, Bedienungsanleitung, Angebot, juristische und technische Texte*

Französisch (B2) (1,4/3)	
Fertigkeiten	Hören 1,7/3 Videokonferenz-Meetings **Lesen 2,2/3** E-Mails, Anleitungen, Fachtexte **Sprechen und Interaktion 1,5/3** Videokonferenz-Meetings **Schreiben 1,4/3** Nichtfachliche Texte, Fachtexte, E-Mails, Formulare **Übersetzen 0,25/3**
Fachbereiche	Customer Operations Finance & Accounting
Fachtexte	*Vertrag/Kontrakt, Bedienungsanleitung, Angebot, juristische und technische Texte*
Berufskommunikative Sprachausbildung im Unternehmen	
Lehrstätten, Lehrkräfte	Externe Lehrkräfte im Auftrag der Unternehmen
Lernziele, Lerninhalte	Allgemeine Sprachausbildung von allen Fertigkeiten, Konversationen, Businesssprache/Wirtschaftssprache, grammatisches Training
Lehrmaterialien, Lernformen, didaktische Hilfsmittel und Medien	Lehrbücher, audiovisuelles Material, PC/Tablet, E-Learning Plattformen (z. B. *Moodle*), Kommunikationsplattformen wie MS Teams, Zoom, Skype o. ä., von externen Lehrkräften erarbeitete Lehrbücher/Scripts/Glossare
Schlussdaten	
Abgeschlossenes Studienfach im Kontext des aktuellen Arbeitsplatzes	4/5 (gut) *Relativ gut: die Sprache von juristischen oder technischen Texten war mir aus dem philologischen Studium bekannt (vor allem juristische Texte). Notwendig wären wissenschaftliche Texte gewesen, aus dem Bereich Rechnungswesen oder aus dem Bereich HR.*
Kommunikative Schwierigkeiten am aktuellen Arbeitsplatz	ja *Mangel an Geduld und dem Willen zur Verständigung seitens der Muttersprachler, aggressive Korrespondenz (mit vielen Ausrufezeichen, gestörter Interpunktion, unterbrochene und/oder nichtssagende Nachrichten; Aggression gegenüber weniger erfahrenen Mitarbeitern oder wenn deren Sprachniveau unter dem erwarteten liegt), Umgangssprache und orthographische/grammatische Fehler seitens der Muttersprachler,*

Tab. 17. Sprachenbarometer Lodz 2023 – Präsentation der Forschungsergebnisse – Testperson [2]

[03] »Flora«	**Ausbildung** Linguistics for business BA (Universität Lodz) **Berufserfahrung** 6–8 Jahre **Sprachkenntnisse** Polnisch (Muttersprache) Englisch (C1) Deutsch (C1)
(Fremd-)Spracheneinsatz für berufliche Zwecke	
Polnisch (Muttersprache) (1,5/3)	
Fertigkeiten	**Hören 2,7/3** Face-to-Face-Gespräche, Videokonferenz-Meetings, Diskussionen/Verhandlungen, Anleitungen, Präsentationen **Lesen 1,2/3** E-Mails, Anleitungen **Sprechen und Interaktion 2,5/3** Diskussionen/Verhandlungen, Face-to-Face-Gespräche, Videokonferenz-Meetings, Anleitungen **Schreiben 1,1/3** Anleitungen, E-Mails **Übersetzen 0/3**
Fachbereiche	Customer Operations Sonstige: *Supply Chain*
Fachtexte	*Interne Anleitungen*
Englisch* (C1) (1,9/3)	
Fertigkeiten	**Hören 2,7/3** Face-to-Face-Gespräche, Videokonferenz-Meetings, Diskussionen/Verhandlungen, Anleitungen, Präsentationen **Lesen 2,6/3** E-Mails, Anleitungen, Fachtexte **Sprechen und Interaktion 2,5/3** Diskussionen/Verhandlungen, Face-to-Face-Gespräche, Videokonferenz-Meetings, Anleitungen **Schreiben 1,7/3** Anleitungen, Artikel für interne Wissensdatenbanken, E-Mails, Formulare **Übersetzen 0/3**
Fachbereiche	Customer Operations Sonstige: *Supply Chain*

Fachtexte	*Interne Anleitungen, Verkaufsunterlagen z. B. Angebote, Bestellungen, Ausschreibungen, Leasingunterlagen*
Deutsch (C1) (1,36/3)	
Fertigkeiten	**Hören 2,5/3** Videokonferenz-Meetings, Diskussionen/Verhandlungen, Anleitungen, Präsentationen **Lesen 2,2/3** E-Mails, Anleitungen, Fachtexte **Sprechen und Interaktion 1,8/3** Diskussionen/Verhandlungen, Videokonferenz-Meetings, Anleitungen **Schreiben 1,5/3** Nichtfachliche Texte, Fachtexte, E-Mails **Übersetzen 0/3**
Fachbereiche	Customer Operations Sonstige: *Supply Chain*
Fachtexte	*Verkaufsunterlagen z. B. Angebote, Bestellungen, Leasingunterlagen, Ausschreibungsunterlagen, technische Spezifikationen von Geräten, interne Anleitungen*
Berufskommunikative Sprachausbildung im Unternehmen	
Lehrstätten, Lehrkräfte	Externe Unternehmen
Lernziele, Lerninhalte	Konversationen, Businesssprache/Wirtschaftssprache, Fachsprachen
Lehrmaterialien, Lernformen, didaktische Hilfsmittel und Medien	PC/Tablet, Kommunikationsplattformen wie MS Teams, Zoom, Skype o. ä., von externen Lehrkräften erarbeitete Lehrbücher/Scripts/Glossare
Schlussdaten	
Abgeschlossenes Studienfach im Kontext des aktuellen Arbeitsplatzes	4/5 (gut)
Kommunikative Schwierigkeiten am aktuellen Arbeitsplatz	ja *Verständnis gesprochener Sprache*

Tab. 18. Sprachenbarometer Lodz 2023 – Präsentation der Forschungsergebnisse – Testperson [3]

[04] »Julie« 	**Ausbildung** Romanische Philologie BA (Universität Lodz) Romanische Philologie MA (Universität Lodz) Aufbaustudium MBA auf Englisch MA Aufbaustudium MBA auf Französisch MA **Berufserfahrung** 4–6 Jahre **Sprachkenntnisse** Polnisch (Muttersprache) Englisch (C1) Französisch (C2) Italienisch (C1)
(Fremd-)Spracheneinsatz für berufliche Zwecke	
Englisch* (C1) (2,8/3)	
Fertigkeiten	**Hören 3/3** Face-to-Face-Gespräche, Telefongespräche, Videokonferenz-Meetings, Diskussionen/Verhandlungen, Anleitungen, Präsentationen **Lesen 3/3** Artikel in der Fachpresse, E-Mails, Anleitungen, Fachtexte, traditionelle Handelskorrespondenz **Sprechen und Interaktion 3/3** Diskussionen/Verhandlungen, Face-to-Face-Gespräche, Telefongespräche, Videokonferenz-Meetings, Anleitungen, Präsentationen **Schreiben 3/3** Anleitungen, nichtfachliche Texte, Fachtexte, Notizen, Zusammenfassungen, Artikel in der Fachpresse, Artikel für interne Wissensdatenbanken, Fachterminologie-Glossare, traditionelle Handelskorrespondenz, E-Mails, Präsentationen, Formulare **Übersetzen 2/3** Schriftliche Übersetzung, Konsekutivdolmetschen *Meine Arbeit erfordert nicht alle Arten des Übersetzens. Die Aktivität selbst ist nützlich unter Kollegen und für unsere Interaktionen.*
Fachbereiche	Customer Operations Data Management Human Resources Sourcing & Procurement Supply Chain Management & Logistics
Fachtexte	*CV, Bedienungsanleitungen, E-Mails, Bestellungen, Verträge zwischen dem Unternehmen und Kunden*

Französisch (C2) (2,8/3)	
Fertigkeiten	**Hören 3/3** Face-to-Face-Gespräche, Telefongespräche, Videokonferenz-Meetings, Diskussionen/Verhandlungen, Anleitungen, Präsentationen **Lesen 2,8/3** E-Mails, Anleitungen, Fachtexte, traditionelle Handelskorrespondenz **Sprechen und Interaktion 3/3** Diskussionen/Verhandlungen, Face-to-Face-Gespräche, Telefongespräche, Videokonferenz-Meetings, Anleitungen, Präsentationen **Schreiben 3/3** Anleitungen, nichtfachliche Texte, Fachtexte, Notizen, Zusammenfassungen, Artikel in der Fachpresse, Artikel für interne Wissensdatenbanken, Fachterminologie-Glossare, traditionelle Handelskorrespondenz, E-Mails, Präsentationen, Formulare **Übersetzen 2/3** Schriftliche Übersetzung, Konsekutivdolmetschen
Fachbereiche	Customer Operations Data Management Human Resources Sourcing & Procurement Supply Chain Management & Logistics
Fachtexte	*CV, Bedienungsanleitungen, E-Mails, Bestellungen, Verträge zwischen dem Unternehmen und Kunden*
Italienisch (C1) (2,2/3)	
Fertigkeiten	**Hören 3/3** Face-to-Face-Gespräche, Telefongespräche, Videokonferenz-Meetings, Diskussionen/Verhandlungen, Anleitungen, Präsentationen **Lesen 2,4/3** E-Mails, Anleitungen, traditionelle Handelskorrespondenz **Sprechen und Interaktion 3/3** Diskussionen/Verhandlungen, Face-to-Face-Gespräche, Telefongespräche, Videokonferenz-Meetings, Anleitungen, Präsentationen **Schreiben 1,5/3** Anleitungen, nichtfachliche Texte **Übersetzen 1/3**
Fachbereiche	Sourcing & Procurement Supply Chain Management & Logistics
Fachtexte	*Verträge und Kontrakte von Kunden, E-Mails*
Berufskommunikative Sprachausbildung im Unternehmen	
	nein

Schlussdaten	
Abgeschlossenes Studienfach im Kontext des aktuellen Arbeitsplatzes	4/5 (gut) *Die Philologie bereitet nicht auf praktische Arbeit im Konzern vor. Die Sprachkenntnis ist zwar vorhanden, allerdings die Vorbereitung auf praktischen Einsatz, Verständnis von Interaktionen resultierte erst aus Erfahrung und Fragen an mehr erfahrene Kollegen. Aus diesem Grund entschied ich mich für ein zusätzliches Studium, die mir ermöglichten, mein theoretisches Wissen zu ergänzen. Technische, kommunikativ Aspekte und dergleichen hängen vom Unternehmen ab, weil jeder Konzern andere Arbeitsweisen hat.*
Kommunikative Schwierigkeiten am aktuellen Arbeitsplatz	ja *Verwendung von typischen Wörtern für das jeweilige Land (Unterschiede zwischen dem Französischen in Frankreich, der Schweiz oder Kanada)*

Tab. 19. Sprachenbarometer Lodz 2023 – Präsentation der Forschungsergebnisse – Testperson [4]

Präsentation des Datenmaterials (Dataset) 99

[05] »Dirk« 	**Ausbildung** Germanische Philologie MA (Universität Lodz) Angewandte Linguistik – Deutsch MA (Adam-Mickiewicz Universität Posen) **Berufserfahrung** 2–4 Jahre **Sprachkenntnisse** Polnisch (Muttersprache) Englisch (B1) Deutsch (C1)
(Fremd-)Spracheneinsatz für berufliche Zwecke	
Polnisch (Muttersprache) (1,3/3)	
Fertigkeiten	**Hören 3/3** Face-to-Face-Gespräche, Telefongespräche, Videokonferenz-Meetings, Diskussionen/Verhandlungen, Anleitungen, Präsentationen **Lesen 1/3** **Sprechen und Interaktion 2/3** **Schreiben 0,5/3** **Übersetzen 0/3**
Fachbereiche	Customer Operations Data Management Finance & Accounting Human Resources Supply Chain Management & Logistics
Fachtexte	*Nur informelle Kommunikation innerhalb des Teams, in dem ich arbeite*
Englisch* (B1) (2,1/3)	
Fertigkeiten	**Hören 2,3/3** Face-to-Face-Gespräche, Präsentationen **Lesen 2,6/3** E-Mails, Anleitungen, Fachtexte, traditionelle Handelskorrespondenz **Sprechen und Interaktion 2,7/3** Diskussionen/Verhandlungen, Telefongespräche, Videokonferenz-Meetings, Anleitungen, Präsentationen **Schreiben 2,25/3** Anleitungen, nichtfachliche Texte, Fachtexte, Artikel für interne Wissensdatenbanken, E-Mails, Präsentationen, Formulare **Übersetzen 0,75/3** Schriftliche Übersetzung

Fachbereiche	Customer Operations Data Management Finance & Accounting Human Resources Supply Chain Management & Logistics
Fachtexte	*Prozessbeschreibung, Bedienungsanleitung von Applikationen, Dateneingabe in Applikationen*
Deutsch (C1) (2,2/3)	
Fertigkeiten	**Hören 2,7/3** Telefongespräche, Videokonferenz-Meetings, Diskussionen/Verhandlungen, Anleitungen, Präsentationen **Lesen 2,4/3** E-Mails, Anleitungen, Fachtexte **Sprechen und Interaktion 2,7/3** Diskussionen/Verhandlungen, Telefongespräche, Videokonferenz-Meetings, Anleitungen, Präsentationen **Schreiben 2,5/3** Anleitungen, nichtfachliche Texte, Fachtexte, Notizen, Zusammenfassungen, E-Mails, Präsentationen, Formulare **Übersetzen 0,75/3** Schriftliche Übersetzung
Fachbereiche	Banking, Financial and Insurance specific Customer Operations Data Management Finance & Accounting Sourcing & Procurement Supply Chain Management & Logistics
Fachtexte	*Angebote, Bestellungen, Rechnungen, Lastschriften, Gutschriften*
Berufskommunikative Sprachausbildung im Unternehmen	
Lehrstätten, Lehrkräfte	Externe Unternehmen
Lernziele, Lerninhalte	Konversationen, Businesssprache/Wirtschaftssprache
Lehrmaterialien, Lernformen, didaktische Hilfsmittel und Medien	Kommunikationsplattformen wie MS Teams, Zoom, Skype o. ä., von externen Lehrkräften erarbeitete Lehrbücher/Scripts/Glossare
Schlussdaten	
Abgeschlossenes Studienfach im Kontext des aktuellen Arbeitsplatzes	4/5 (gut) *gut*

Kommunikative Schwierigkeiten am aktuellen Arbeitsplatz	ja
	Schwierigkeiten mit dem Verständnis von Präsentationen und Gesprächen in englischer Sprache, insbesondere, wenn der Gesprächspartner mit einem für seine Muttersprache charakteristischem Akzent spricht (besonders der holländische Akzent oder Hindi).

Tab. 20. Sprachenbarometer Lodz 2023 – Präsentation der Forschungsergebnisse – Testperson [5]

[06] »Teddy«	**Ausbildung** Germanische Philologie mit Englisch BA (Universität Lodz) **Berufserfahrung** Unter 2 Jahren **Sprachkenntnisse** Polnisch (Muttersprache) Englisch (B2) Deutsch (C1)
(Fremd-)Spracheneinsatz für berufliche Zwecke	
Polnisch (Muttersprache) (1,4/3)	
Fertigkeiten	**Hören 2,5/3** Videokonferenz-Meetings, Diskussionen/ Verhandlungen, Anleitungen **Lesen 0,8/3** **Sprechen und Interaktion 2,3/3** Face-to-Face-Gespräche, Videokonferenz-Meetings **Schreiben 1,2/3** Nichtfachliche Texte **Übersetzen 0,25/3**
Fachbereiche	Information Technology Supply Chain Management & Logistics
Fachtexte	*Vertrag*
Englisch* (B2) (1,4/3)	
Fertigkeiten	**Hören 1,2/3** **Lesen 1,8/3** E-Mails, Anleitungen **Sprechen und Interaktion 1,8/3** **Schreiben 1,7/3** Nichtfachliche Texte, E-Mails, Formulare **Übersetzen 0,5/3**
Fachbereiche	Information Technology Supply Chain Management & Logistics
Fachtexte	*Vertrag, Rechnung, Bedienungsanleitung*

Deutsch (C1) (1,9/3)	
Fertigkeiten	**Hören 2,8/3** Face-to-Face-Gespräche, Videokonferenz-Meetings, Diskussionen/Verhandlungen, Anleitungen, Präsentationen **Lesen 2/3** E-Mails, Anleitungen, Fachtexte **Sprechen und Interaktion 2,7/3** Diskussionen/Verhandlungen, Face-to-Face-Gespräche, Videokonferenz-Meetings, Präsentationen **Schreiben 1,8/3** Nichtfachliche Texte, E-Mails, Präsentationen, Formulare **Übersetzen 0,25/3**
Fachbereiche	Information Technology Supply Chain Management & Logistics
Fachtexte	*Vertrag, Rechnung, Bedienungsanleitung*
Berufskommunikative Sprachausbildung im Unternehmen	
Lehrstätten, Lehrkräfte	Externe Lehrkräfte im Auftrag der Unternehmen
Lernziele, Lerninhalte	Allgemeine Sprachausbildung von allen Fertigkeiten, Businesssprache/Wirtschaftssprache
Lehrmaterialien, Lernformen, didaktische Hilfsmittel und Medien	E-Learning Plattformen (z. B. *Moodle*), Kommunikationsplattformen wie MS Teams, Zoom, Skype o. ä.
Schlussdaten	
Abgeschlossenes Studienfach im Kontext des aktuellen Arbeitsplatzes	3/5 (befriedigend) *Philologisches Studium bereitet nicht vollständig für eine Arbeit. Es ermöglicht die Entwicklung allgemeiner Sprachkompetenzen in den Lehrveranstaltungen zum praktischen DaF-Unterricht. Definitiv zu wenig Zeit wird dem Unterricht der Businesssprache gewidmet. Sachliches Wissen eignet man sich in den ersten Wochen im Unternehmen in einer Schulung an.*
Kommunikative Schwierigkeiten am aktuellen Arbeitsplatz	ja *Mängel im Fachwortschatz/Wirtschaftsvokabular*

Tab. 21. Sprachenbarometer Lodz 2023 – Präsentation der Forschungsergebnisse – Testperson [6]

[07] »Greta« 	**Ausbildung** Filmwissenschaft MA (Universität Lodz) Osteuropastudien MA (LMU München) **Berufserfahrung** über 10 Jahre **Sprachkenntnisse** Polnisch (Muttersprache) Englisch (C1) Deutsch (C1)
(Fremd-)Spracheneinsatz für berufliche Zwecke	
Englisch* (C1) (2,1/3)	
Fertigkeiten	**Hören 2,5/3** Face-to-Face-Gespräche, Videokonferenz-Meetings, Diskussionen/Verhandlungen, Anleitungen, Präsentationen **Lesen 3/3** Artikel in der Fachpresse, E-Mails, Anleitungen, Fachtexte, traditionelle Handelskorrespondenz **Sprechen und Interaktion 3/3** Diskussionen/Verhandlungen, Face-to-Face-Gespräche, Telefongespräche, Videokonferenz-Meetings, Anleitungen, Präsentationen **Schreiben 1,9/3** Anleitungen, nichtfachliche Texte, Notizen, Artikel für interne Wissensdatenbanken, Fachterminologie-Glossare, E-Mails, Präsentationen **Übersetzen 0/3** *Ich beschäftige mich nicht mit Übersetzungen*
Fachbereiche	Customer Operations
Fachtexte	*Arbeitsanleitungen, Präsentationen, interne Kommunikation im Unternehmen*

Deutsch (C1) (2,2/3)	
Fertigkeiten	**Hören 3/3** Face-to-Face-Gespräche, Telefongespräche, Videokonferenz-Meetings, Diskussionen/Verhandlungen, Anleitungen, Präsentationen **Lesen 3/3** Artikel in der Fachpresse, E-Mails, Anleitungen, Fachtexte, traditionelle Handelskorrespondenz **Sprechen und Interaktion 3/3** Diskussionen/Verhandlungen, Face-to-Face-Gespräche, Telefongespräche, Videokonferenz-Meetings, Anleitungen, Präsentationen **Schreiben 2/3** Anleitungen, nichtfachliche Texte, Fachtexte, Artikel für interne Wissensdatenbanken, Fachterminologie-Glossare, E-Mails, Präsentationen, Formulare **Übersetzen 0/3** *Ich beschäftige mich nicht mit Übersetzungen*
Fachbereiche	Customer operations
Fachtexte	*Spezifizierungen für Ausschreibungen (DACH), Datenbank (DACH), E-Mails*
Berufskommunikative Sprachausbildung	
	nein
Schlussdaten	
Abgeschlossenes Studienfach im Kontext des aktuellen Arbeitsplatzes	Sonstige: *Filmwissenschaft bereitet nicht auf die Arbeit in einem Konzern vor. Dass ich in einem Konzern arbeite, verdanke ich internen Schulungen in Konzernen. Schlecht:)*
Kommunikative Schwierigkeiten am aktuellen Arbeitsplatz	ja *Gebrauch von Slang, gedanklichen und kulturellen Abkürzungen [Sprüngen] von DACH-Partnern. Manchmal eine spezifische Aussprache in Verbindung mit der Region, aus der der Gesprächspartner stammt.*

Tab. 22. Sprachenbarometer Lodz 2023 – Präsentation der Forschungsergebnisse – Testperson [7]

[08] »Eris« 	**Ausbildung** Forensische Biologie BA (Universität Lodz) Linguistics for business BA (Universität Lodz) **Berufserfahrung** unter 2 Jahren **Sprachkenntnisse** Polnisch (Muttersprache) Englisch (C1) Deutsch (C1) Niederländisch (A2)
(Fremd-)Spracheneinsatz für berufliche Zwecke	
Polnisch (Muttersprache) (2,5/3)	
Fertigkeiten	**Hören 3/3** Face-to-Face-Gespräche, Telefongespräche, Videokonferenz-Meetings, Diskussionen/Verhandlungen, Anleitungen, Präsentationen **Lesen 2,8/3** E-Mails, Anleitungen, Fachtexte, traditionelle Handelskorrespondenz **Sprechen und Interaktion 3/3** Diskussionen/Verhandlungen, Face-to-Face-Gespräche, Telefongespräche, Videokonferenz-Meetings, Anleitungen, Präsentationen **Schreiben 2,25/3** Anleitungen, Fachtexte, E-Mails, Formulare, Präsentationen, Formulare **Übersetzen 1,25/3** Schriftliche Übersetzung
Fachbereiche	Banking, Financial and Insurance specific Customer Operations Data Management Finance & Accounting Marketing Supply Chain Management & Logistics
Fachtexte	*Bestellungen, Bestellungsangebote, Vertrag mit Kunden*

Präsentation des Datenmaterials (Dataset) 107

Englisch* (C2) (2,6/3)	
Fertigkeiten	**Hören 3/3** Face-to-Face-Gespräche, Telefongespräche, Videokonferenz-Meetings, Diskussionen/Verhandlungen, Anleitungen, Präsentationen **Lesen 2,6/3** E-Mails, Anleitungen, Fachtexte **Sprechen und Interaktion 3/3** Diskussionen/Verhandlungen, Face-to-Face-Gespräche, Videokonferenz-Meetings, Anleitungen, Präsentationen **Schreiben 2,75/3** Anleitungen, Fachtexte, Notizen, Zusammenfassungen, Artikel für interne Wissensdatenbanken, Fachterminologie-Glossare, E-Mails, Präsentationen, Formulare **Übersetzen 1,5/3** Schriftliche Übersetzung
Fachbereiche	Banking, Financial and Insurance specific Data Management Finance & Accounting Marketing Supply Chain Management & Logistics
Fachtexte	*Bestellungen, Verträge mit Kunden, E-Mails, Angebote zu Bestellungen*
Deutsch (C1) (2,8/3)	
Fertigkeiten	**Hören 3/3** Face-to-Face-Gespräche, Telefongespräche, Videokonferenz-Meetings, Diskussionen/Verhandlungen, Anleitungen, Präsentationen **Lesen 2,8/3** E-Mails, Anleitungen, Fachtexte, traditionelle Handelskorrespondenz **Sprechen und Interaktion 3/3** Diskussionen/Verhandlungen, Face-to-Face-Gespräche, Videokonferenz-Meetings, Anleitungen, Präsentationen **Schreiben 3/3** Anleitungen, nichtfachliche Texte, Fachtexte, Notizen, Zusammenfassungen, Artikel in der Fachpresse, Artikel für interne Wissensdatenbanken, Fachterminologie-Glossare, traditionelle Handelskorrespondenz, E-Mails, Präsentationen, Formulare **Übersetzen 2,25/3** Schriftliche Übersetzung

Fachbereiche	Banking, Financial and Insurance specific Data Management Finance & Accounting Marketing Research & Development Supply Chain Management & Logistics
Fachtexte	*Bestellungen, Unterlagen von Kunden, E-Mails. Angebote, Verträge*
Berufskommunikative Sprachausbildung	
	nein
Schlussdaten	
Abgeschlossenes Studienfach im Kontext des aktuellen Arbeitsplatzes	4/5 (gut) *Eher gut*
Kommunikative Schwierigkeiten am aktuellen Arbeitsplatz	nein

Tab. 23. Sprachenbarometer Lodz 2023 – Präsentation der Forschungsergebnisse – Testperson [8]

[09] »Sigi« 	**Ausbildung** Mathematik BA **Berufserfahrung** über 10 Jahre **Sprachkenntnisse** Polnisch (Muttersprache) Englisch (C1) Deutsch (Muttersprache) Russisch (B2)
(Fremd-)Spracheneinsatz für berufliche Zwecke	
Englisch (C1) (1,7/3)	
Fertigkeiten	**Hören 2,2/3** Präsentationen **Lesen 2,6/3** Artikel in der Fachpresse, E-Mails, Anleitungen, Fachtexte **Sprechen und Interaktion 0,8/3** **Schreiben 0,6/3** *Unternehmenskommunikation* **Übersetzen 0/3**
Fachbereiche	Data Management Finance & Accounting
Fachtexte	*Anleitungen, Portale*
Deutsch (Muttersprache) (2,3/3)	
Fertigkeiten	**Hören 2,7/3** Videokonferenz-Meetings, Diskussionen/Verhandlungen, Anleitungen, Präsentationen **Lesen 2,8/3** Artikel in der Fachpresse, E-Mails, Anleitungen, Fachtexte **Sprechen und Interaktion 2,7/3** Diskussionen/Verhandlungen, Face-to-Face-Gespräche, Videokonferenz-Meetings, Präsentationen **Schreiben 2,4/3** Anleitungen, nichtfachliche Texte, Fachtexte, Notizen, Fachterminologie-Glossare, traditionelle Handelskorrespondenz, E-Mails, Formulare **Übersetzen 0,75/3**
Fachbereiche	Customer Operations Finance & Accounting Marketing Sonstige: *Back Office & tender*
Fachtexte	*Ausschreibungsunterlagen, Rechtsvermerke, Verträge, Formulare, Rechnungen*

Berufskommunikative Sprachausbildung im Unternehmen	
Lehrstätten, Lehrkräfte	Interne Lehrkräfte (andere Mitarbeiter) Externe Lehrkräfte im Auftrag der Unternehmen
Lernziele, Lerninhalte	Allgemeine Sprachausbildung von allen Fertigkeiten, Konversationen, Businesssprache/Wirtschaftssprache, Fachsprachen, Aussprachetraining
Lehrmaterialien, Lernformen, didaktische Hilfsmittel und Medien	Audiovisuelles Material, E-Learning Plattformen (z. B. *Moodle*), Kommunikationsplattformen wie MS Teams, Zoom, Skype o. ä., von Lehrkräften erarbeitete Lehrbücher/Scripts/Glossare, interne Unternehmensunterlagen zu didaktischen Zwecken
Schlussdaten	
Abgeschlossenes Studienfach im Kontext des aktuellen Arbeitsplatzes	5/5 (sehr gut) *Sehr gut*
Kommunikative Schwierigkeiten am aktuellen Arbeitsplatz	Sonstige: *Allgemein Kommunikation nicht auf sprachlicher Ebene*

Tab. 24. Sprachenbarometer Lodz 2023 – Präsentation der Forschungsergebnisse – Testperson [9]

[10] »Paul« 	**Ausbildung** Germanische Philologie BA (Universität Lodz) Germanische Philologie MA (Universität Lodz) **Berufserfahrung** 6–8 Jahre **Sprachkenntnisse** Polnisch (Muttersprache) Englisch (C1) Deutsch (C1)
(Fremd-)Spracheneinsatz für berufliche Zwecke	
Englisch* (C1) (2,4/3)	
Fertigkeiten	**Hören 2,8/3** Telefongespräche, Videokonferenz-Meetings, Diskussionen/Verhandlungen, Anleitungen, Präsentationen **Lesen 2,6/3** E-Mails, Anleitungen, traditionelle Handelskorrespondenz **Sprechen und Interaktion 2,8/3** Diskussionen/Verhandlungen, Face-to-Face-Gespräche, Telefongespräche, Videokonferenz-Meetings, Anleitungen **Schreiben 2,2/3** Anleitungen, nichtfachliche Texte, E-Mails, Präsentationen, Formulare **Übersetzen 1,5/3** Schriftliche Übersetzung
Fachbereiche	Customer Operations Supply Chain Management & Logistics
Fachtexte	*Prozessanleitungen, Angebote für Kunden, Bestellungen von Kunden*

Deutsch (C1) (2/3)	
Fertigkeiten	**Hören 3/3** Face-to-Face-Gespräche, Telefongespräche, Videokonferenz-Meetings, Diskussionen/Verhandlungen, Anleitungen, Präsentationen **Lesen 2,8/3** E-Mails, Anleitungen, Fachtexte, traditionelle Handelskorrespondenz **Sprechen und Interaktion 3/3** Diskussionen/Verhandlungen, Face-to-Face-Gespräche, Telefongespräche, Videokonferenz-Meetings, Anleitungen, Präsentationen **Schreiben 2,3/3** Anleitungen, nichtfachliche Texte, Fachtexte, traditionelle Handelskorrespondenz, E-Mails, Präsentationen, Formulare **Übersetzen 1,5/3** Schriftliche Übersetzung
Fachbereiche	Customer Operations Supply Chain Management & Logistics
Fachtexte	*Prozessanleitungen, Angebote für Kunden, Bestellungen von Kunden*
Berufskommunikative Sprachausbildung im Unternehmen	
	nein
Schlussdaten	
Abgeschlossenes Studienfach im Kontext des aktuellen Arbeitsplatzes	4/5 (gut)
Kommunikative Schwierigkeiten am aktuellen Arbeitsplatz	nein

Tab. 25. Sprachenbarometer Lodz 2023 – Präsentation der Forschungsergebnisse – Testperson [10]

Präsentation des Datenmaterials (Dataset) 113

[11] »Frida«	**Ausbildung** Psychologie MA **Berufserfahrung** 4–6 Jahre **Sprachkenntnisse** Polnisch (Muttersprache) Englisch (B1) Deutsch (C1)
(Fremd-)Spracheneinsatz für berufliche Zwecke	
Englisch (B1) (2,15/3)	
Fertigkeiten	**Hören 2,7/3** Face-to-Face-Gespräche, Telefongespräche, Videokonferenz-Meetings, Anleitungen, **Lesen 2,8/3** E-Mails, Anleitungen, Fachtexte, traditionelle Handelskorrespondenz **Sprechen und Interaktion 2,5/3** Face-to-Face-Gespräche, Telefongespräche, Videokonferenz-Meetings, Anleitungen **Schreiben 2,25/3** Anleitungen, nichtfachliche Texte, Fachtexte, Artikel für interne Wissensdatenbanken, E-Mails, Formulare **Übersetzen 0,5/3**
Fachbereiche	Supply Chain Management & Logistics
Fachtexte	*Anleitungen für Prozesse*
Deutsch (C1) (2,0/3)	
Fertigkeiten	**Hören 2,7/3** Face-to-Face-Gespräche, Telefongespräche, Videokonferenz-Meetings, Anleitungen **Lesen 2,0/3** E-Mails, Anleitungen, Fachtexte **Sprechen und Interaktion 2,5/3** Face-to-Face-Gespräche, Telefongespräche, Videokonferenz-Meetings, Anleitungen **Schreiben 1,3/3** Anleitungen, nichtfachliche Texte, Artikel für interne Wissensdatenbanken, E-Mails **Übersetzen 0,5/3**
Fachbereiche	Supply Chain Management & Logistics
Fachtexte	*Anleitungen für Prozesse*

Englisch (B1) (1,4/3)	
Fertigkeiten	**Hören 2,0/3** Anleitungen **Lesen 2,0/3** E-Mails, Anleitungen **Sprechen und Interaktion 1,3/3** **Schreiben 1,25/3** E-Mails **Übersetzen 0,5/3**
Fachbereiche	Supply Chain Management & Logistics
Fachtexte	*Anleitungen für Prozesse*
Berufskommunikative Sprachausbildung im Unternehmen	
Lehrstätten, Lehrkräfte	Externe Unternehmen
Lernziele, Lerninhalte	Allgemeine Sprachausbildung von allen Fertigkeiten, Konversationen
Lehrmaterialien, Lernformen, didaktische Hilfsmittel und Medien	Audiovisuelles Material, Kommunikationsplattformen wie MS Teams, Zoom, Skype o. ä., von externen Lehrkräften erarbeitete Lehrbücher/Scripts/Glossare
Schlussdaten	
Abgeschlossenes Studienfach im Kontext des aktuellen Arbeitsplatzes	Sonstige: *Ich bin kein Philologe*
Kommunikative Schwierigkeiten am aktuellen Arbeitsplatz	nein

Tab. 26. Sprachenbarometer Lodz 2023 – Präsentation der Forschungsergebnisse – Testperson [11]

[12] »Heike«	**Ausbildung** Finanzen und Rechnungswesen MA (Universität Lodz) **Berufserfahrung** über 10 Jahre **Sprachkenntnisse** Polnisch (Muttersprache) Englisch (B2) Deutsch (B2) Norwegisch (A2)
(Fremd-)Spracheneinsatz für berufliche Zwecke	
Polnisch (Muttersprache) (2,4/3)	
Fertigkeiten	**Hören 2,8/3** Face-to-Face-Gespräche, Telefongespräche, Videokonferenz-Meetings, Anleitungen, Präsentationen **Lesen 3/3** Artikel in der Fachpresse, E-Mails, Anleitungen, Fachtexte, traditionelle Handelskorrespondenz **Sprechen und Interaktion 3/3** Diskussionen/Verhandlungen, Face-to-Face-Gespräche, Telefongespräche, Videokonferenz-Meetings, Anleitungen, Präsentationen **Schreiben 2,1/3** Anleitungen, Notizen, Präsentationen, Formulare **Übersetzen 1/3**
Fachbereiche	Customer Operations Human Resources Supply Chain Management & Logistics
Fachtexte	*Verträge mit Kunden, Verkaufsunterlagen, CV*
Englisch* (B2) (2,3/3)	
Fertigkeiten	**Hören 3/3** Face-to-Face-Gespräche, Telefongespräche, Videokonferenz-Meetings, Diskussionen/Verhandlungen, Anleitungen, Präsentationen **Lesen 2,4/3** E-Mails, Anleitungen **Sprechen und Interaktion 3/3** Diskussionen/Verhandlungen, Face-to-Face-Gespräche, Telefongespräche, Videokonferenz-Meetings, Anleitungen, Präsentationen **Schreiben 2,0/3** Notizen, Artikel für interne Wissensdatenbanken, E-Mails, Präsentationen, Formulare **Übersetzen 1,25/3**

Fachbereiche	Customer Operations Human Resources Supply Chain Management & Logistics
Fachtexte	*Verträge mit Kunden, Verkaufsunterlagen, CV*
Deutsch (B2) (2,35/3)	
Fertigkeiten	**Hören 3/3** Face-to-Face-Gespräche, Telefongespräche, Videokonferenz-Meetings, Diskussionen/Verhandlungen, Anleitungen, Präsentationen **Lesen 3/3** Artikel in der Fachpresse, E-Mails, Anleitungen, Fachtexte, traditionelle Handelskorrespondenz **Sprechen und Interaktion 3/3** Diskussionen/Verhandlungen, Face-to-Face-Gespräche, Telefongespräche, Videokonferenz-Meetings, Anleitungen, Präsentationen **Schreiben 2/3** Anleitungen, Notizen, E-Mails, Präsentationen, Formulare **Übersetzen 0,75/3** Schriftliche Übersetzung
Fachbereiche	Customer Operations Human Resources Supply Chain Management & Logistics
Fachtexte	*Verträge mit Kunden, Verkaufsunterlagen, CV*
Berufskommunikative Sprachausbildung im Unternehmen	
Lehrstätten, Lehrkräfte	Externe Lehrkräfte im Auftrag der Unternehmen
Lernziele, Lerninhalte	Allgemeine Sprachausbildung von allen Fertigkeiten, Konversationen, Businesssprache/Wirtschaftssprache
Lehrmaterialien, Lernformen, didaktische Hilfsmittel und Medien	Lehrbücher, Kommunikationsplattformen wie MS Teams, Zoom, Skype o. ä., von externen Lehrkräften erarbeitete Lehrbücher/Scripts/Glossare
Schlussdaten	
Abgeschlossenes Studienfach im Kontext des aktuellen Arbeitsplatzes	4/5 (gut) *Gut*
Kommunikative Schwierigkeiten am aktuellen Arbeitsplatz	Nein *Vielleicht manchmal Schüchternheit und mangelnde Selbstsicherheit*

Tab. 27. Sprachenbarometer Lodz 2023 – Präsentation der Forschungsergebnisse – Testperson [12]

Präsentation des Datenmaterials (Dataset) 117

[13] »Charlie« 	Ausbildung Informatik und Ökonometrie BA Informatik und Ökonometrie MA Berufserfahrung 4–6 Jahre Sprachkenntnisse Polnisch (Muttersprache) Englisch (C1) Deutsch (B2) Spanisch (B1)
(Fremd-)Spracheneinsatz für berufliche Zwecke	
Polnisch (Muttersprache) (0,75/3)	
Fertigkeiten	Hören 1,2/3 Lesen 1/3 Sprechen und Interaktion 1,3/3 Schreiben 0,25/3 Übersetzen 0/3
Fachbereiche	Human Resources
Fachtexte	*Verträge, Ordnungen/Reglements*
Englisch* (C1) (2,2/3)	
Fertigkeiten	**Hören 3/3** Face-to-Face-Gespräche, Telefongespräche, Videokonferenz-Meetings, Diskussionen/Verhandlungen, Anleitungen, Präsentationen **Lesen 2,6/3** E-Mails, Anleitungen, Fachtexte **Sprechen und Interaktion 3/3** Diskussionen/Verhandlungen, Face-to-Face-Gespräche, Telefongespräche, Videokonferenz-Meetings, Anleitungen, Präsentationen **Schreiben 2,2/3** Anleitungen, nichtfachliche Texte, Notizen, Zusammenfassungen, Artikel für interne Wissensdatenbanken, E-Mails, Präsentationen **Übersetzen 0,25/3**
Fachbereiche	Customer Operations Data Management Human Resources Information Technology
Fachtexte	*Anleitungen, CV*
Berufskommunikative Sprachausbildung im Unternehmen	
Lehrstätten, Lehrkräfte	Externe Unternehmen
Lernziele, Lerninhalte	Allgemeine Sprachausbildung von allen Fertigkeiten, Konversationen

Lehrmaterialien, Lernformen, didaktische Hilfsmittel und Medien	Lehrbücher, audiovisuelles Material, PC/Tablet, Kommunikationsplattformen wie MS Teams, Zoom, Skype o. ä., von dem Unternehmen erarbeitete Lehrbücher/Scripts/Glossare, von externen Lehrkräften erarbeitete Lehrbücher/Scripts/Glossare
Schlussdaten	
Abgeschlossenes Studienfach im Kontext des aktuellen Arbeitsplatzes	3/5 (befriedigend)
Kommunikative Schwierigkeiten am aktuellen Arbeitsplatz	nein

Tab. 28. Sprachenbarometer Lodz 2023 – Präsentation der Forschungsergebnisse – Testperson [13]

[14] »Dieter« 	**Ausbildung** International business administration BA (Europa-Universität Viadrina, Frankfurt/Oder) Economics MA (Universität Ulm) **Berufserfahrung** 2–4 Jahre **Sprachkenntnisse** Polnisch (Muttersprache) Englisch (C1) Deutsch (Muttersprache)
(Fremd-)Spracheneinsatz für berufliche Zwecke	
Polnisch (Muttersprache) (0,6/3)	
Fertigkeiten	**Hören 1,2/3** **Lesen 0,4/3** **Sprechen und Interaktion 1,2/3** **Schreiben 0,2/3** **Übersetzen 0/3**
Fachbereiche	Human Resources
Fachtexte	*Verträge, Ordnungen/Reglements*
Englisch* (C1) (2,1/3)	
Fertigkeiten	**Hören 3/3** Face-to-Face-Gespräche, Telefongespräche, Videokonferenz-Meetings, Diskussionen/Verhandlungen, Anleitungen, Präsentationen **Lesen 2/3** E-Mails, Anleitungen **Sprechen und Interaktion 2,5/3** Face-to-Face-Gespräche, Anleitungen, Präsentationen **Schreiben 1,9/3** Anleitungen, nichtfachliche Texte, Formulare **Übersetzen 1,25/3**
Fachbereiche	Customer Operations Data Management Human Resources Information Technology Research & Development Supply Chain Management & Logistics
Fachtexte	*CV, Stellenangebot, Anleitungen, Präsentationen*

Deutsch (Muttersprache) (1,55/3)	
Fertigkeiten	**Hören 1,8/3** Telefongespräche **Lesen 1,8/3** E-Mails **Sprechen und Interaktion 1,5/3** **Schreiben 1,4/3** E-Mails **Übersetzen 1,25/3**
Fachbereiche	Customer Operations Supply Chain Management & Logistics
Fachtexte	*Bestellungen*
Berufskommunikative Sprachausbildung im Unternehmen	
Lehrstätten, Lehrkräfte	Sonstige: *Der Arbeitgeber bietet zusätzliche Mittel für Sprachausbildung, die im eigenen Bereich von dem Mitarbeiter organisiert wird.*
Lernziele, Lerninhalte	Allgemeine Sprachausbildung von allen Fertigkeiten, Konversationen, Businesssprache/Wirtschaftssprache, Fachsprachen, Fachübersetzungen, Vorbereitung auf eine Zertifikats-Prüfung, grammatisches Training, Aussprachetraining
Lehrmaterialien, Lernformen, didaktische Hilfsmittel und Medien	Sonstige: *keine Informationen*
Schlussdaten	
Abgeschlossenes Studienfach im Kontext des aktuellen Arbeitsplatzes	2/5 (schlecht)
Kommunikative Schwierigkeiten am aktuellen Arbeitsplatz	nein

Tab. 29. Sprachenbarometer Lodz 2023 – Präsentation der Forschungsergebnisse – Testperson [14]

[15] »Ciri« 	**Ausbildung** Linguistics for business BA (Universität Lodz) Linguistics in special communication MA (Universität Lodz) **Berufserfahrung** 2–4 Jahre **Sprachkenntnisse** Polnisch (Muttersprache) Englisch (B1) Deutsch (B2)
(Fremd-)Spracheneinsatz für berufliche Zwecke	
Polnisch (Muttersprache) (2,7/3)	
Fertigkeiten	**Hören 2,8/3** Face-to-Face-Gespräche, Videokonferenz-Meetings, Diskussionen/Verhandlungen, Anleitungen, Präsentationen **Lesen 3/3** Artikel in der Fachpresse, E-Mails, Anleitungen, Fachtexte, traditionelle Handelskorrespondenz **Sprechen und Interaktion 3/3** Diskussionen/Verhandlungen, Face-to-Face-Gespräche, Telefongespräche, Videokonferenz-Meetings, Anleitungen, Präsentationen **Schreiben 3/3** Anleitungen, nichtfachliche Texte, Fachtexte, Notizen, Zusammenfassungen, Artikel in der Fachpresse, Artikel für interne Wissensdatenbanken, Fachterminologie-Glossare, traditionelle Handelskorrespondenz, E-Mails, Präsentationen, Formulare **Übersetzen 1,5/3** Schriftliche Übersetzung
Fachbereiche	Data Management Marketing
Fachtexte	*Angebote, Anleitungen, Bestellungen*

Englisch* (B1) (2,6/3)	
Fertigkeiten	**Hören 3/3** Face-to-Face-Gespräche, Telefongespräche, Videokonferenz-Meetings, Diskussionen/Verhandlungen, Anleitungen, Präsentationen **Lesen 3/3** Artikel in der Fachpresse, E-Mails, Anleitungen, Fachtexte, traditionelle Handelskorrespondenz **Sprechen und Interaktion 3/3** Diskussionen/Verhandlungen, Face-to-Face-Gespräche, Telefongespräche, Videokonferenz-Meetings, Anleitungen, Präsentationen **Schreiben 3/3** Anleitungen, nichtfachliche Texte, Fachtexte, Notizen, Zusammenfassungen, Artikel in der Fachpresse, Artikel für interne Wissensdatenbanken, Fachterminologie-Glossare, traditionelle Handelskorrespondenz, E-Mails, Präsentationen, Formulare **Übersetzen 1/3**
Fachbereiche	Data Management Marketing Supply Chain Management & Logistics
Fachtexte	*Anleitungen*
Deutsch (B2) (2,6/3)	
Fertigkeiten	**Hören 3/3** Face-to-Face-Gespräche, Telefongespräche, Videokonferenz-Meetings, Diskussionen/Verhandlungen, Anleitungen, Präsentationen **Lesen 3/3** Artikel in der Fachpresse, E-Mails, Anleitungen, Fachtexte, traditionelle Handelskorrespondenz **Sprechen und Interaktion 3/3** Diskussionen/Verhandlungen, Face-to-Face-Gespräche, Telefongespräche, Videokonferenz-Meetings, Anleitungen, Präsentationen **Schreiben 2,5/3** Anleitungen, nichtfachliche Texte, Fachtexte, Notizen, Zusammenfassungen, Artikel in der Fachpresse, E-Mails, Präsentationen, Formulare **Übersetzen 1,5/3** Schriftliche Übersetzung
Fachbereiche	Data Management Marketing Supply Chain Management & Logistics
Fachtexte	*Bestellungen, Angebote*
Berufskommunikative Sprachausbildung im Unternehmen	
Lehrstätten, Lehrkräfte	Interne Lehrkräfte (andere Mitarbeiter)
Lernziele, Lerninhalte	Businesssprache/Wirtschaftssprache, Fachsprachen

Lehrmaterialien, Lernformen, didaktische Hilfsmittel und Medien	Lehrbücher, Wörterbücher, audiovisuelles Material
Schlussdaten	
Abgeschlossenes Studienfach im Kontext des aktuellen Arbeitsplatzes	5/5 (sehr gut) *Erlaubte mir die Fremdsprache kennenzulernen und sich dank der Veranstaltungen mit Lektoren an die Sprache zu gewöhnen.*
Kommunikative Schwierigkeiten am aktuellen Arbeitsplatz	nein

Tab. 30. Sprachenbarometer Lodz 2023 – Präsentation der Forschungsergebnisse – Testperson [15]

[16] »Gabi«	**Ausbildung** Germanische Philologie BA (Universität Lodz) Germanische Philologie MA (Universität Lodz) **Berufserfahrung** 8–10 Jahre **Sprachkenntnisse** Polnisch (Muttersprache) Englisch (B2) Deutsch (C1) Italienisch (B1)
(Fremd-)Spracheneinsatz für berufliche Zwecke	
Polnisch (Muttersprache) (2,2/3)	
Fertigkeiten	**Hören 3/3** Face-to-Face-Gespräche, Telefongespräche, Videokonferenz-Meetings, Diskussionen/Verhandlungen, Anleitungen, Präsentationen **Lesen 2,6/3** E-Mails, Anleitungen, traditionelle Handelskorrespondenz **Sprechen und Interaktion 2,7/3** Diskussionen/Verhandlungen, Face-to-Face-Gespräche, Telefongespräche, Anleitungen **Schreiben 1,8/3** nichtfachliche Texte, Formulare **Übersetzen 0,75/3**
Fachbereiche	Customer Operations Data Management Finance & Accounting Information Technology Supply Chain Management & Logistics
Fachtexte	*Bedienungsanleitungen sowie Prozessanleitungen*
Englisch (B2) (1,6/3)	
Fertigkeiten	**Hören 1,8/3** **Lesen 1,6/3** **Sprechen und Interaktion 2/3** **Schreiben 1,9/3** Nichtfachliche Texte **Übersetzen 0,5/3**
Fachbereiche	Customer Operations Data Management Information Technology Supply Chain Management & Logistics
Fachtexte	*Prozessanleitungen*

Deutsch (B2) (2,3/3)	
Fertigkeiten	**Hören 3/3** Face-to-Face-Gespräche, Telefongespräche, Videokonferenz-Meetings, Diskussionen/Verhandlungen, Anleitungen, Präsentationen **Lesen 2,8/3** E-Mails, Anleitungen, Fachtexte, traditionelle Handelskorrespondenz **Sprechen und Interaktion 2,5/3** Telefongespräche, Anleitungen, Präsentationen **Schreiben 2,4/3** Anleitungen, Artikel in der Fachpresse, Fachterminologie-Glossare, traditionelle Handelskorrespondenz, E-Mails **Übersetzen 1/3**
Fachbereiche	Customer Operations Data Management Information Technology Supply Chain Management & Logistics
Fachtexte	*Rechnung, Bedienungsanleitung, Prozessanleitung*
Berufskommunikative Sprachausbildung im Unternehmen	
	nein
Schlussdaten	
Abgeschlossenes Studienfach im Kontext des aktuellen Arbeitsplatzes	4/5 (gut) *Gut*
Kommunikative Schwierigkeiten am aktuellen Arbeitsplatz	ja *Dialekte, Aussprache, Versprecher*

Tab. 31. Sprachenbarometer Lodz 2023 – Präsentation der Forschungsergebnisse – Testperson [16]

TP	Sprachkenntnisse/(Fremd-)Spracheneinsatz für berufliche Zwecke (Fettdruck)					Ausbildung	Erfahrung
	L1	L2	L3	L4	L5		
[01]	**Polnisch (C3)**	**Englisch (C1)**	**Deutsch (C2)**			Germanische Philologie MA (Universität Lodz)	< 2
[02]	**Polnisch (C3)**	**Englisch (C1)**	**Deutsch (C2)**	Französisch (B2)	Spanisch (B1)	Germanische Philologie MA (Universität Lodz) Theoretische Physik MA (Universität Lodz)	4–6
[03]	**Polnisch (C3)**	**Englisch (C1)**	**Deutsch (C1)**			Linguistics for business BA (Universität Lodz)	6–8
[04]	**Polnisch (C3)**	**Englisch (C1)**		Französisch (C2)	Italienisch (C1)	Romanische Philologie BA (Universität Lodz) Romanische Philologie MA (Universität Lodz) Aufbaustudium MBA auf Englisch MA Aufbaustudium MBA auf Französisch MA	4–6
[05]	**Polnisch (C3)**	**Englisch (B1)**	**Deutsch (C1)**			Germanische Philologie MA (Universität Lodz) Angewandte Linguistik – Deutsch MA (AMU Posen)	2–4
[06]	**Polnisch (C3)**	**Englisch (B2)**	**Deutsch (C1)**			Germanische Philologie mit Englisch BA (Universität Lodz)	< 2
[07]	**Polnisch (C3)**	**Englisch (C1)**	**Deutsch (C1)**			Filmwissenschaft MA (Universität Lodz) Osteuropastudien MA (LMU München)	> 10
[08]	**Polnisch (C3)**	**Englisch (C1)**	**Deutsch (C1)**	Niederländisch (A2)		Forensische Biologie BA (Universität Lodz) Linguistics for business BA (Universität Lodz)	< 2
[09]	**Polnisch (C3)**	**Englisch (C1)**	**Deutsch (C3)**	Russisch (B2)		Mathematik BA	> 10
[10]	**Polnisch (C3)**	**Englisch (C1)**	**Deutsch (C1)**			Germanische Philologie BA (Universität Lodz) Germanische Philologie MA (Universität Lodz)	6–8
[11]	**Polnisch (C3)**	**Englisch (B1)**	**Deutsch (C1)**			Psychologie MA	4–6

(Fortsetzung)

TP	Sprachkenntnisse/(Fremd-)Spracheneinsatz für berufliche Zwecke (Fettdruck)					Ausbildung	Erfahrung
	L1	L2	L3	L4	L5		
[12]	Polnisch (C3)	Englisch (B2)	**Deutsch (B2)**	Norwegisch (A2)		Finanzen und Rechnungswesen MA (Universität Lodz)	> 10
[13]	Polnisch (C3)	Englisch (C1)	**Deutsch (B2)**	Spanisch (B1)		Informatik und Ökonometrie BA Informatik und Ökonometrie MA	4-6
[14]	Polnisch (C3)	Englisch (C1)	**Deutsch (C3)**			International business administration BA (EUV Frankfurt/Oder) Economics MA (Universität Ulm)	2-4
[15]	Polnisch (C3)	Englisch (B1)	**Deutsch (B2)**			Linguistics for business BA (Universität Lodz) Linguistics in special communication MA (Universität Lodz)	2-4
[16]	Polnisch (C3)	Englisch (B2)	**Deutsch (C1)**	Italienisch (B1)		Germanische Philologie BA (Universität Lodz) Germanische Philologie MA (Universität Lodz)	8-10

Tab. 32. Sprachenbarometer Lodz 2023 – Präsentation der Forschungsergebnisse: Zusammenstellung der Kurzprofile

	A1	A2	B1	B2	C1	C2	C3	Insgesamt
Polnisch							16	16
Englisch			3	3	10			16
Deutsch				3	8	2	2	15
Französisch				1		1		2
Spanisch			2					2
Italienisch			1		1			2
Niederländisch		1						1
Norwegisch		1						1
Russisch				1				1

Tab. 33. Sprachenbarometer Lodz 2023 – Präsentation der Forschungsergebnisse: Sprachkenntnisse in der Probandengruppe

	A1	A2	B1	B2	C1	C2	C3	Insgesamt
Polnisch							10	10
Englisch			3	3	10			16
Deutsch				2	8	2	2	14
Französisch				1		1		2
Italienisch					1			1

Tab. 34. Sprachenbarometer Lodz 2023 – Präsentation der Forschungsergebnisse: (Fremd-)Spracheneinsatz für berufliche Zwecke

5.3 Globale exemplarische Datenanalyse – Institutionelle Mehrsprachigkeit

In Bezug auf die Fragestellung zu dem aktuellen Stand der Sprachkenntnisse der Untersuchungsteilnehmer (Muttersprache(n) und Fremdsprache(n) mit Angaben der Kompetenzniveaus) überwiegt Polnisch als Muttersprache (16 Nennungen), sowie als dominierende Fremdsprachen Englisch (16 Nennungen, vorwiegend auf den Niveaus B2 bis C1) sowie Deutsch (15 Nennungen, überwiegend auf den Niveaus von B2 bis C2 mit zwei Angaben als Muttersprache). Weitere Angaben umfassen jeweils die Fremdsprachen Französisch (4), Spanisch (2), Italienisch (2), Niederländisch, Norwegisch, und Russisch (1) (vgl. Tab. 32 u. 33). Laut den Studienergebnissen werden aus dieser relativ breiten Sprachenpalette insgesamt fünf Sprachen für berufliche Zwecke zur Abwicklung der jeweiligen Geschäftsprozesse am Arbeitsplatz eingesetzt. Dominierend sind hierbei Englisch (16 Nennungen), gefolgt von Deutsch (14), Polnisch (10), Französisch (2) sowie Italienisch (1) (vgl. Tab. 34). Eine deutlich überwiegende Mehrheit der Untersuchungsteilnehmer – knapp 70 % (11 Nennungen) verwendet dabei in berufsbezogenen Bereichen drei Fremd- und/oder Fachsprachen, die restlichen 30 % der Mitarbeiter wickeln die jeweiligen Fachprozesse zweisprachig ab (vgl. Tab. 32).

Die berufliche Tätigkeit der Untersuchungsteilnehmer in der Branche moderner Unternehmensdienstleistungen deckt dabei eine breite Spanne an Berufserfahrung ab, es überwiegt dabei der untere (bis 4 Jahre, insgesamt 6 Nennungen) und mittlere (von 4 bis 8 Jahren, 6 Nennungen) Erfahrungsbereich. Die Sparte der erfahrensten Mitarbeiter der Outsourcing-Branche innerhalb der Probandengruppe (mehr als 8 Jahre, 4 Nennungen) bilden 25 % der Untersuchungsteilnehmer aus (vgl. Tab. 35).

Im Hinblick auf den Ausbildungsstand (Bildungsstufe und abgeschlossene Studienrichtungen) setzt sich die Probandengruppe zu 75 % aus Mitarbeitern mit einem Master-Studienabschluss zusammen (insgesamt 12 Nennungen) mit ferner zwei zusätzlichen Aufbaustudienabschlüssen. Die Palette der abgeschlossenen Studienrichtungen präsentiert ein durchaus heterogenes Bild, von weit gefassten philologischen oder linguistisch orientierten Studienrichtungen wie etwa Germanische oder Romanische Philologie (10 Nennungen), Linguistics for business, Linguistics in special communication MA und Angewandte Linguistik (insgesamt 5 Nennungen), über Vertreter der Geistes- oder Humanwissenschaften wie etwa Filmwissenschaft, Osteuropastudien oder Psychologie bis hin zu Disziplinen im Bereich der Ingenieur-, Natur- oder Strukturwissenschaften wie etwa Ökonomie, Finanzen und Rechnungswesen, Informatik und Ökonometrie, Mathematik und theoretische Physik oder auch forensische Biologie (vgl. Tab. 36).

Berufserfahrung in der Branche moderner Unternehmensdienstleistungen	Testpersonen
über 10 Jahre	3
8–10 Jahre	1
6–8 Jahre	2
4–6 Jahre	4
2–4 Jahre	3
weniger als 2 Jahre	3

Tab. 35. Sprachenbarometer Lodz 2023 – Präsentation der Forschungsergebnisse: Berufserfahrung der Untersuchungsteilnehmer in der Branche moderner Unternehmensdienstleistungen

Abgeschlossene Studienrichtung	Nennungen
Germanische Philologie MA	5
Germanische Philologie BA	3
Linguistics for business BA	3
Linguistics in special communication MA	1
Angewandte Linguistik – Deutsch MA	1
Romanische Philologie BA	1
Romanische Philologie MA	1
Aufbaustudium MBA auf Englisch MA	1
Aufbaustudium MBA auf Französisch MA	1
Economics MA	1
Filmwissenschaft MA	1
Finanzen und Rechnungswesen MA	1
Forensische Biologie BA	1
Informatik und Ökonometrie BA	1
Informatik und Ökonometrie MA	1
International business administration BA	1
Mathematik BA	1
Osteuropastudien MA	1
Psychologie MA	1
Theoretische Physik MA	1

Tab. 36. Sprachenbarometer Lodz 2023 – Präsentation der Forschungsergebnisse: Ausbildungsstand der Untersuchungsteilnehmer

Der anschließende Teil des Fragebogens richtet sich auf die Ermittlung der Einsatzbereiche der jeweiligen Einzelsprachen nach Sprachfertigkeiten, in der jeweiligen Sprache abgewickelten Geschäftsprozessen (einzelnen Fachsprachen) sowie den meist auftretenden Fachtextsorten in den jeweiligen Fachbereichen.

Als Ergebnis der Umsetzung des globalen Forschungszieles der vorliegenden Studie – der Isolierung der für den berufsbezogenen Fremd- und Fachsprachenunterricht und -erwerb relevanten subjektiven sowie objektiven Variationsparameter – werden als Ergebnisse der Analyse der gesammelten Daten als Ausdruck der praktischen Relevanz der Studie im abschließenden Teil gute Praktiken und Hinweise für ein praxis- und berufsorientiertes Studienfachkonzept »Germanistik 2.0« dargestellt und erörtert. Aus diesem Grund werden in den vorliegenden globalen sowie detaillierten Darstellungen der erhobenen Daten zum (Fremd-)Spracheneinsatz für berufliche Zwecke die Erörterungen auf die Einzelsprache Deutsch eingeschränkt.

Im genannten Bereich untersuchte die Studie die Relevanz verschiedener Sprachkompetenzen in unterschiedlichen beruflichen Kontexten. Die Ergebnisse zeigen, dass bestimmte Sprachfertigkeiten als besonders wichtig für die berufliche Kommunikation angesehen werden:

- Hören: Die Teilnahme an Videokonferenzen (z. B. MS Teams, Zoom) sowie an Diskussionen und Verhandlungen zu beruflichen Themen wurde von der Mehrheit der Teilnehmer als »definitiv relevant« eingestuft (12 von 14 Teilnehmern). Auch das Verständnis mündlicher Anleitungen und Präsentationen wurde als essenziell betrachtet (13 von 14 Teilnehmern) (vgl. Tab. 37).
- Lesen: Die Rezeption von E-Mails wurde von allen Teilnehmern als »definitiv relevant« bewertet. Fachtexte und schriftliche Anleitungen, die berufliche Themen betreffen, wurden ebenfalls von fast allen Teilnehmern als sehr wichtig eingestuft (13 von 14 Teilnehmern) (vgl. Tab. 38).
- Sprechen und Interaktion: Die aktive Teilnahme an beruflichen Diskussionen, Verhandlungen und Präsentationen wurde als »definitiv relevant« eingestuft (10 von 14 Teilnehmern). Die Fähigkeit, klare mündliche Anweisungen und Erläuterungen zu geben, wurde ebenfalls als entscheidend für den beruflichen Erfolg betrachtet (vgl. Tab. 39).
- Schreiben: Besonders wichtig war die Fähigkeit, E-Mails und berufliche Korrespondenz zu verfassen (13 von 14 Teilnehmern). Weitere relevante Kompetenzen umfassen das Erstellen von Fachtexten und das Führen von Notizen während Meetings (vgl. Tab. 40).
- Übersetzen: Die schriftliche Übersetzung von beruflichen Texten wurde als »eher relevant« eingestuft, während Simultan- und Konsekutivdolmetschen weniger als entscheidend angesehen wurden (von 14 Teilnehmern bewerteten 10 diese Fähigkeiten als »eher irrelevant« oder »definitiv irrelevant«) (vgl. Tab. 41).

Globale exemplarische Datenanalyse – Institutionelle Mehrsprachigkeit 133

	Definitiv relevant	Eher relevant	Eher irrelevant	Definitiv irrelevant
Teilnahme am **Face-to-Face-Gespräch** zu beruflichen Themen	9	3	2	
Teilnahme am **telefonischen Gespräch** zu beruflichen Themen	10	3	1	
Teilnahme am **Videokonferenz-Meeting** (MS Teams / Zoom / Skype etc.) zu beruflichen Themen	12	2		
Teilnahme an **Diskussionen / Verhandlungen** zu beruflichen Themen	12	2		
Rezeption von mündlichen **Anleitungen** / Aufforderungen / Erläuterungen / zu beruflichen Themen	13		1	
Rezeption von **Präsentationen** zu beruflichen Themen	12	1	1	

Tab. 37. Bedeutung der Fertigkeit HÖREN in der isolierten Zielgruppe (Deutsch)

	Definitiv relevant	Eher relevant	Eher irrelevant	Definitiv irrelevant
Rezeption von **Artikeln** in der Fachpresse	5	4	5	
Rezeption von **E-Mails** zu beruflichen Themen	14			
Rezeption von schriftlichen **Anleitungen** / Aufforderungen / Erläuterungen / zu beruflichen Themen	13	1		
Rezeption von **Texten** zu beruflichen Themen	13		1	
Rezeption von **traditioneller Handelskorrespondenz** zu beruflichen Themen	7	3	2	2

Tab. 38. Bedeutung der Fertigkeit LESEN in der isolierten Zielgruppe (Deutsch)

	Definitiv relevant	Eher relevant	Eher irrelevant	Definitiv irrelevant
Aktive Teilnahme an **Diskussionen / Verhandlungen** zu beruflichen Themen	10	4		
Aktive Teilnahme am **Face-to-Face-Gespräch** zu beruflichen Themen	9	2	3	
Aktive Teilnahme am **telefonischen Gespräch** zu beruflichen Themen	9	4	1	
Aktive Teilnahme am **Videokonferenz-Meeting** (MS Teams / Zoom / Skype etc.) zu beruflichen Themen	11	3		
Produktion von mündlichen **Anleitungen** / Aufforderungen / Erläuterungen / zu beruflichen Themen	10	3	1	

(Fortsetzung)

	Definitiv relevant	Eher relevant	Eher irrelevant	Definitiv irrelevant
Vorführen von **Präsentationen** zu beruflichen Themen	10		3	1

Tab. 39. Bedeutung der Fertigkeit SPRECHEN und INTERAKTION in der isolierten Zielgruppe (Deutsch)

	Definitiv relevant	Eher relevant	Eher irrelevant	Definitiv irrelevant
Produktion von schriftlichen **Anleitungen** / Aufforderungen / Erläuterungen / zu beruflichen Themen	11	2	1	
Produktion von **nichtfachlichen Texten**	10	2	2	
Produktion von **Fachtexten**	9	2	3	
Notizen von Besprechungen / Meetings	5	5	1	3
Zusammenfassungen von Texten zu beruflichen Themen	3	2	6	3
Verfassen von **Artikeln** in der Fachpresse	4		4	6
Verfassen von **Artikeln** für interne Wissensdatenbanken	3	8	2	1
Erstellung von Fachterminologie-**Glossaren**	4	1	5	4
Verfassen von **traditioneller Handelskorrespondenz** zu beruflichen Themen	4	3	2	5
Verfassen von **E-Mails** zu beruflichen Themen	13	1		
Vorbereitung von **Präsentationen** zu beruflichen Themen	8	4	2	
Ausfüllen von **Formularen**	9	2	3	

Tab. 40. Bedeutung der Fertigkeit SCHREIBEN in der isolierten Zielgruppe (Deutsch)

	Definitiv relevant	Eher relevant	Eher irrelevant	Definitiv irrelevant
Schriftliche Übersetzung zu beruflichen Themen	5	4	3	2
Flüsterdolmetschen zu beruflichen Themen		1	5	8
Konsekutivdolmetschen zu beruflichen Themen		1	5	8
Simultandolmetschen zu beruflichen Themen		1	3	10

Tab. 41. Bedeutung der Fertigkeit ÜBERSETZEN und DOLMETSCHEN in der isolierten Zielgruppe (Deutsch)

Die Studie identifizierte ebenfalls die Hauptanwendungsbereiche für Fremd- und Fachsprachen im Berufsfeld der Teilnehmenden. Die wichtigsten Einsatzbereiche umfassten:
- Kundenbetreuung: am häufigsten genannt (10 Nennungen).
- Datenverwaltung: 4 Teilnehmer nutzten Fremdsprachen in diesem Bereich.
- Informationstechnologie (IT): 2 Teilnehmer wendeten Fremdsprachen in der IT an.
- weitere genannte Bereiche waren Finanzen und Buchhaltung, Personalmanagement, Marketing, Forschung und Entwicklung sowie Logistik und Beschaffung (vgl. Tab. 42).

Unter den am häufigsten angegebenen Fachtextsorten im Rahmen der jeweiligen Fachbereiche dominieren insbesondere Angebote und Bestellungen (jeweils 6 Nennungen), verschiedenartige Anleitungen und Instruktionen wie Bedienungsanleitungen, Prozessanleitungen oder interne Anleitungen (insgesamt 5 Nennungen) sowie Verträge/ Kontrakte und Rechnungen (je 5 Nennungen). Nicht selten werden die Textsorten einer bestimmten Prozesskategorie oder einem konkreten Fachbereich zugeschrieben wie Leasingunterlagen oder Verkaufsunterlagen, juristische und technische Texte, oder aber ganz präzise Fachtextsorten angegeben wie CV, Lastschrift, Gutschrift oder Rechtsvermerk (vgl. Tab. 43).

Einsatz- und Fachbereiche	Insgesamt	Testperson
Kundenbetreuung (*Customer Operations*)	9	[2] [3] [5] [7] [9] [10] [12] [14] [16]
Datenverwaltung (*Data Management*)	4	[5] [8] [15] [16]
Finanzen und Buchhaltung (*Finance & Accounting*)	4	[2] [5] [8] [9]
Marketing	3	[8] [9] [15]
Bankwesen, Finanzdienstleistungen und Versicherungen (*Banking, Financial and Insurance Specific*)	2	[5] [8]
IT-Dienstleistungen (*Information Technology*)	2	[6] [16]
Forschung und Entwicklung (*Research & Development*)	2	[1] [8]
Personalmanagement (*Human Resources*)	1	[12]
Einkauf und Beschaffung (*Sourcing & Procurement*)	1	[5]
Lieferkettenmanagement und Logistik (*Supply Chain Management & Logistics*)	1	[3] [5] [6] [8] [10] [11] [12] [14] [15] [16]

(Fortsetzung)

Einsatz- und Fachbereiche	Insgesamt	Testperson
Sonstige Dienstleistungen	2	[1] *Sprachwissenschaft* [8] *Back Office & tender*

Tab. 42. Prozesskategorien/Fachbereiche in der isolierten Zielgruppe (Deutsch)

TP	Fachbereiche	Fachtextsorten
[1]	Research & Development *Sprachwissenschaft*	*Artikel, Monographie*
[2]	Customer Operations Finance & Accounting	*Rechnung, Vertrag/Kontrakt, Bedienungsanleitung, Angebot, juristische und technische Texte*
[3]	Customer Operations Sonstige: *Supply Chain*	*Verkaufsunterlagen z. B. Angebote, Bestellungen, Leasingunterlagen, Ausschreibungsunterlagen, technische Spezifikationen von Geräten, interne Anleitungen*
[5]	Banking, Financial and Insurance specific Customer Operations Data Management Finance & Accounting Sourcing & Procurement Supply Chain Management & Logistics	*Angebote, Bestellungen, Rechnungen, Lastschriften, Gutschriften*
[6]	Information Technology Supply Chain Management & Logistics	*Vertrag, Rechnung, Bedienungsanleitung*
[7]	Customer Operations	*Spezifizierungen für Ausschreibungen (DACH), Datenbank (DACH), E-Mails*
[8]	Banking, Financial and Insurance specific Data Management Finance & Accounting Marketing Research & Development Supply Chain Management & Logistics	*Bestellungen, Unterlagen von Kunden, E-Mails. Angebote, Verträge*
[9]	Customer Operations Finance & Accounting Marketing Sonstige: *Back Office & tender*	*Ausschreibungsunterlagen, Rechtsvermerke, Verträge, Formulare, Rechnungen*
[10]	Customer Operations Supply Chain Management & Logistics	*Prozessanleitungen, Angebote für Kunden, Bestellungen von Kunden*
[11]	Supply Chain Management & Logistics	*Anleitungen für Prozesse*
[12]	Customer Operations Human Resources Supply Chain Management & Logistics	*Verträge mit Kunden, Verkaufsunterlagen, CV*

(Fortsetzung)

TP	Fachbereiche	Fachtextsorten
[14]	Customer Operations Supply Chain Management & Logistics	*Bestellungen*
[15]	Data Management Marketing Supply Chain Management & Logistics	*Bestellungen, Angebote*
[16]	Customer Operations Data Management Information Technology Supply Chain Management & Logistics	*Rechnung, Bedienungsanleitung, Prozessanleitung*

Tab. 43. Prozesskategorien/Fachbereiche und Fachtextsorten in der isolierten Zielgruppe (Deutsch)

Die Ergebnisse des Sprachenbarometers Lodz 2023 unterstreichen die Notwendigkeit einer stärkeren Ausrichtung des Sprachunterrichts an Hochschulen auf die aktuellen Anforderungen des Arbeitsmarktes. Insbesondere wird empfohlen, Sprachprogramme anzupassen, um eine größere Flexibilität und Reaktionsfähigkeit auf die dynamischen Bedürfnisse des Marktes zu gewährleisten. Die Entwicklung von mehrsprachigen Kompetenzen sowie von transversalen, universellen Fähigkeiten sollte verstärkt gefördert werden, um die berufliche Mobilität und Effektivität in einem internationalen Umfeld zu erhöhen.

5.4 Detaillierte exemplarische Datenanalyse – Individuelle Mehrsprachigkeit

Das im vorliegenden Band dargestellte Datenmaterial (Dataset) ermöglicht je nach dem gegenwärtigen Forschungsproblem, Ziel- und Fragestellung eine Vielzahl diverser Herangehensweisen. Die letzteren beiden Erhebungen des Projekts Sprachenbarometer Lodz 9/2021 und 12/2023 zur berufskommunikativen Spezifik der Branche moderner Unternehmensdienstleistungen in Polen waren jeweils nach einem qualitativen anonymisierten Ansatz in Fragebogenformat individuell an Mitarbeiter der Outsourcing-Branche gerichtet (vgl. Kap. 4.2). Den Unterschied machte eine etwas anders ausgerichtete Schwerpunktsetzung im Hinblick auf die Charakteristik der Zielgruppe aus: im ersteren Fall wird das Augenmerk auf Absolventen philologischer Studienrichtungen der Philologischen Fakultät der Universität Lodz mit Deutsch als Pflichtfach sowie die Einzelsprache Deutsch zu beruflichen Zwecken gelegt, während bei der im vorliegenden Band dargestellten Erhebung Sprachenbarometer Lodz 2023 im Fall der Mitarbeiter einer gewählten Abteilung eines internationalen Shared-Services-Unternehmens in Lodz für Kunden der DACHL-Märkte der aktuelle

Ausbildungsstand als kein Faktor betrachtet sowie Daten zu allen zu beruflichen Zwecken eingesetzten Einzelsprachen, Fertigkeiten und Fachsprachen gesammelt und ausgewertet werden. Im Rahmen einer detaillierten exemplarischen Datenanalyse innerhalb des Kriteriums der individuellen inneren und äußeren Mehrsprachigkeit ergibt sich damit die Möglichkeit, die in Kap. 4.3 als einer eventuellen weiteren Forschungsperspektive aufgefassten Korrelationen zwischen der Ausbildung der jeweiligen Mitarbeiter gegenüber deren wahrgenommenen fachkommunikativen Aufgaben am aktuellen Arbeitsplatz zu überprüfen.

In Anbetracht eines durchaus auseinandergehenden Ausbildungsspektrums bei gleichzeitig einhergehender Berufserfahrung sowie der Palette der allgemeinen Sprachkenntnisse sowie des Spektrums der für berufliche Zwecke eingesetzten Einzelsprachen sowie abgewickelten Geschäftsprozesse wurden für einen individuellen Direktvergleich die Testpersonen [5], [14] und [15] isoliert (vgl. Tab. 44).

In Bezug auf den Ausbildungsstand (Bildungsstufe und abgeschlossene Studienrichtungen) verfügen alle Testpersonen über einen Master-Abschluss, allerdings liegen bezüglich der Fachdisziplinen starke Diskrepanzen vor: während Testperson [5] Absolvent von weitgefassten klassischen philologischen Studienfächern ist (Germanische Philologie, Angewandte Linguistik), vertritt die Testperson [14] die Fachgebiete internationale Betriebsverwaltung und Ökonomie (International business administration, Economics). Bei Testperson [15] handelt es sich um eine praxisorientierte Linguistik mit Schwerpunkt auf Unternehmens- sowie Fachkommunikation (Linguistics for business, Linguistics in special communication). In allen drei Fällen beträgt die Berufserfahrung in der Branche moderner Unternehmensdienstleistungen zwischen zwei und vier Jahren. Die deklarierten Fremdsprachenkenntnisse der Testpersonen umfassen Polnisch (jeweils Muttersprache), Englisch (C1 bei Testperson [14] sowie B1 bei [5] und [15]) sowie Deutsch (Muttersprache bei [14], C1 bei [5] und B2 bei [15]). Alle drei Einzelsprachen werden in der Sparte (Fremd)Spracheneinsatz für berufliche Zwecke markiert, mit Englisch jeweils als einer obligatorischen Anforderung am Arbeitsplatz.

Im Hinblick auf den Schwerpunkt Deutsch als Einzelsprache (vgl. Kap. 5.3) variiert die die durchschnittliche Relevanz zwischen 1,55 [14] über 2,2 [5] bis zum Höchstwert von 2,6 von insgesamt 3 Punkten [15]. Allerdings lassen sich trotz auseinandergehender globaler wie auch die einzelnen Sprachfertigkeiten betreffender Durchschnittsbewertungen zahlreiche Parallelen isolieren. Im Fall von allen drei Testpersonen werden etwa Telefongespräche in der Sparte HÖREN oder E-Mails bei LESEN und SCHREIBEN jeweils als »definitiv relevante« Sprachaktivitäten markiert. Zwischen den Teilnehmern [5] und [15] gibt es ebenfalls weitere Korrelationen wie etwa im Bereich der Videokonferenz-Meetings, Diskussionen und Verhandlungen, Anleitungen, Präsentationen (HÖ-

REN), Anleitungen und Fachtexten (LESEN), Diskussionen, Verhandlungen, Telefongesprächen, Videokonferenz-Meetings, Anleitungen und Präsentationen (SPRECHEN UND INTERAKTION), Anleitungen, nichtfachlichen und fachlichen Texten, Notizen, Zusammenfassungen, Präsentationen und Formularen (SCHREIBEN). Ebenfalls in der Sparte ÜBERSETZUNGEN bestehen zwischen den Testpersonen starke Korrelationen im Bereich der schriftlichen Übersetzung als einer »definitiv relevanten« Fertigkeit bei [5] und [15] sowie einer ähnlichen Durchschnittsbewertung.

Auch in den von den Testpersonen abgewickelten Geschäftsprozessen im Sinne des Gebrauchs einzelner Fachsprachen bestehen Überschneidungen in den Fachbereichen Supply Chain Management & Logistics (alle Testpersonen) sowie Customer Operations bei Testperson [5] und [14] sowie Data Management bei [5] und [15]. In allen drei Fällen werden in der Sparte Fachtextsorten Bestellungen sowie in zwei Fällen Angebote aufgelistet.

[5] »Dirk«	[14] »Dieter«	[15] »Ciri«
Ausbildung Germanische Philologie MA (Universität Lodz) Angewandte Linguistik – Deutsch MA (Adam-Mickiewicz Universität Posen)	**Ausbildung** International business administration BA (Europa-Universität Viadrina, Frankfurt/Oder) Economics MA (Universität Ulm)	**Ausbildung** Linguistics for business BA (Universität Lodz) Linguistics in special communication MA (Universität Lodz)
Berufserfahrung 2–4 Jahre	**Berufserfahrung** 2–4 Jahre	**Berufserfahrung** 2–4 Jahre
Sprachkenntnisse Polnisch (Muttersprache) Englisch (B1) Deutsch (C1)	**Sprachkenntnisse** Polnisch (Muttersprache) Englisch (C1) Deutsch (Muttersprache)	**Sprachkenntnisse** Polnisch (Muttersprache) Englisch (B1) Deutsch (B2)

(Fortsetzung)

[5] »Dirk«	[14] »Dieter«	[15] »Ciri«
(Fremd-)Spracheneinsatz für berufliche Zwecke		
Polnisch (Muttersprache) (1,3/3)	Polnisch (Muttersprache) (0,6/3)	Polnisch (Muttersprache) (2,7/3)
Fertigkeiten		
Hören 3/3 Face-to-Face-Gespräche, Telefongespräche, Videokonferenz-Meetings, Diskussionen/Verhandlungen, Anleitungen, Präsentationen **Lesen 1/3** **Sprechen und Interaktion 2/3** **Schreiben 0,5/3** **Übersetzen 0/3**	**Hören 1,2/3** **Lesen 0,4/3** **Sprechen und Interaktion 1,2/3** **Schreiben 0,2/3** **Übersetzen 0/3**	**Hören 2,8/3** Face-to-Face-Gespräche, Videokonferenz-Meetings, Diskussionen/Verhandlungen, Anleitungen, Präsentationen **Lesen 3/3** Artikel in der Fachpresse, E-Mails, Anleitungen, Fachtexte, traditionelle Handelskorrespondenz **Sprechen und Interaktion 3/3** Diskussionen/Verhandlungen, Face-to-Face-Gespräche, Telefongespräche, Videokonferenz-Meetings, Anleitungen, Präsentationen **Schreiben 3/3** Anleitungen, nichtfachliche Texte, Fachtexte, Notizen, Zusammenfassungen, Artikel in der Fachpresse, Artikel für interne Wissensdatenbanken, Fachterminologie-Glossare, traditionelle Handelskorrespondenz, E-Mails, Präsentationen, Formulare **Übersetzen 1,5/3** Schriftliche Übersetzung
Fachbereiche		
Customer Operations Data Management Finance & Accounting Human Resources Supply Chain Management & Logistics	Human Resources	Data Management Marketing

(Fortsetzung)

[5] »Dirk«	[14] »Dieter«	[15] »Ciri«
Fachtexte		
Nur informelle Kommunikation innerhalb des Teams, in dem ich arbeite	*Verträge, Ordnungen/Reglements*	*Angebote, Anleitungen, Bestellungen*
Englisch* (B1) (2,1/3)	Englisch* (C1) (2,1/3)	Englisch* (B1) (2,6/3)
Fertigkeiten		
Hören 2,3/3 Face-to-Face-Gespräche, Präsentationen **Lesen 2,6/3** E-Mails, Anleitungen, Fachtexte, traditionelle Handelskorrespondenz **Sprechen und Interaktion 2,7/3** Diskussionen/Verhandlungen, Telefongespräche, Videokonferenz-Meetings, Anleitungen, Präsentationen **Schreiben 2,25/3** Anleitungen, nichtfachliche Texte, Fachtexte, Artikel für interne Wissensdatenbanken, E-Mails, Präsentationen, Formulare **Übersetzen 0,75/3** Schriftliche Übersetzung	**Hören 3/3** Face-to-Face-Gespräche, Telefongespräche, Videokonferenz-Meetings, Diskussionen/Verhandlungen, Anleitungen, Präsentationen **Lesen 2/3** E-Mails, Anleitungen **Sprechen und Interaktion 2,5/3** Face-to-Face-Gespräche, Anleitungen, Präsentationen **Schreiben 1,9/3** Anleitungen, nichtfachliche Texte, Formulare **Übersetzen 1,25/3**	**Hören 3/3** Face-to-Face-Gespräche, Telefongespräche, Videokonferenz-Meetings, Diskussionen/Verhandlungen, Anleitungen, Präsentationen **Lesen 3/3** Artikel in der Fachpresse, E-Mails, Anleitungen, Fachtexte, traditionelle Handelskorrespondenz **Sprechen und Interaktion 3/3** Diskussionen/Verhandlungen, Face-to-Face-Gespräche, Telefongespräche, Videokonferenz-Meetings, Anleitungen, Präsentationen **Schreiben 3/3** Anleitungen, nichtfachliche Texte, Fachtexte, Notizen, Zusammenfassungen, Artikel in der Fachpresse, Artikel für interne Wissensdatenbanken, Fachterminologie-Glossare, traditionelle Handelskorrespondenz, E-Mails, Präsentationen, Formulare **Übersetzen 1/3**
Fachbereiche		
Customer Operations Data Management Finance & Accounting Human Resources Supply Chain Management & Logistics	Customer Operations Data Management Human Resources Information Technology Research & Development Supply Chain Management & Logistics	Data Management Marketing Supply Chain Management & Logistics

(Fortsetzung)

[5] »Dirk«	[14] »Dieter«	[15] »Ciri«
Fachtexte		
Prozessbeschreibung, Bedienungsanleitung von Applikationen, Dateneingabe in Applikationen	CV, Stellenangebot, Anleitungen, Präsentationen	Anleitungen
Deutsch (C1) (2,2/3)	Deutsch (Muttersprache) (1,55/3)	Deutsch (B2) (2,6/3)
Fertigkeiten		
Hören 2,7/3 Telefongespräche, Videokonferenz-Meetings, Diskussionen/Verhandlungen, Anleitungen, Präsentationen **Lesen 2,4/3** E-Mails, Anleitungen, Fachtexte **Sprechen und Interaktion 2,7/3** Diskussionen/Verhandlungen, Telefongespräche, Videokonferenz-Meetings, Anleitungen, Präsentationen **Schreiben 2,5/3** Anleitungen, nichtfachliche Texte, Fachtexte, Notizen, Zusammenfassungen, E-Mails, Präsentationen, Formulare **Übersetzen 0,75/3** Schriftliche Übersetzung	**Hören 1,8/3** Telefongespräche **Lesen 1,8/3** E-Mails **Sprechen und Interaktion 1,5/3** **Schreiben 1,4/3** E-Mails **Übersetzen 1,25/3**	**Hören 3/3** Face-to-Face-Gespräche, Telefongespräche, Videokonferenz-Meetings, Diskussionen/Verhandlungen, Anleitungen, Präsentationen **Lesen 3/3** Artikel in der Fachpresse, E-Mails, Anleitungen, Fachtexte, traditionelle Handelskorrespondenz **Sprechen und Interaktion 3/3** Diskussionen/Verhandlungen, Face-to-Face-Gespräche, Telefongespräche, Videokonferenz-Meetings, Anleitungen, Präsentationen **Schreiben 2,5/3** Anleitungen, nichtfachliche Texte, Fachtexte, Notizen, Zusammenfassungen, Artikel in der Fachpresse, E-Mails, Präsentationen, Formulare **Übersetzen 1,5/3** Schriftliche Übersetzung
Fachbereiche		
Banking, Financial and Insurance specific Customer Operations Data Management Finance & Accounting Sourcing & Procurement Supply Chain Management & Logistics	Customer Operations Supply Chain Management & Logistics	Data Management Marketing Supply Chain Management & Logistics

(Fortsetzung)

[5] »Dirk«	[14] »Dieter«	[15] »Ciri«
Fachtexte		
Angebote, Bestellungen, Rechnungen, Lastschriftanzeigen, Lastschriften, Gutschriften	Bestellungen	Bestellungen, Angebote
Berufskommunikative Sprachausbildung im Unternehmen		
Lehrstätten, Lehrkräfte		
Externe Unternehmen	Sonstige: *Der Arbeitgeber bietet zusätzliche Mittel für Sprachausbildung, die im eigenen Bereich von dem Mitarbeiter organisiert wird.*	Interne Lehrkräfte (andere Mitarbeiter)
Lernziele, Lerninhalte		
Konversationen, Businesssprache/Wirtschaftssprache	Allgemeine Sprachausbildung von allen Fertigkeiten, Konversationen, Businesssprache/Wirtschaftssprache, Fachsprachen, Fachübersetzungen, Vorbereitung auf eine Zertifikats-Prüfung, grammatisches Training, Aussprachetraining	Businesssprache/Wirtschaftssprache, Fachsprachen
Lehrmaterialien, Lernformen, didaktische Hilfsmittel und Medien		
Kommunikationsplattformen wie MS Teams, Zoom, Skype o. ä., von externen Lehrkräften erarbeitete Lehrbücher/Scripts/Glossare	Sonstige: *keine Informationen*	Lehrbücher, Wörterbücher, audiovisuelles Material
Schlussdaten		
Abgeschlossenes Studienfach im Kontext des aktuellen Arbeitsplatzes		
4/5 (gut) *gut*	2/5 (schlecht)	5/5 (sehr gut) *Erlaubte mir die Fremdsprache kennenzulernen und sich dank der Veranstaltungen mit Lektoren an die Sprache zu gewöhnen.*

(Fortsetzung)

[5] »Dirk«	[14] »Dieter«	[15] »Ciri«
Kommunikative Schwierigkeiten am aktuellen Arbeitsplatz		
ja *Schwierigkeiten mit dem Verständnis von Präsentationen und Gesprächen in englischer Sprache, insbesondere, wenn der Gesprächspartner mit einem für seine Muttersprache charakteristischem Akzent spricht (besonders der holländische Akzent oder Hindi).*	nein	nein

Tab. 44. Sprachenbarometer Lodz 2023 – Präsentation der Forschungsergebnisse – Testpersonen [5], [14] und [15] in direktem Vergleich

6. Forschungsergebnisse und Zukunftsperspektiven

6.1 Praktische Relevanz und Umsetzung der Forschungsergebnisse

6.1.1 Konzepte neuer und zukünftiger Dimensionen berufsorientierter neophilologischer Sprachenausbildung

Die folgenden Schlussbemerkungen zu der praktischen Relevanz und Umsetzungsmöglichkeiten der im vorliegenden Band dargestellten früheren sowie aktuellen Forschungsergebnisse im Rahmen des Projekts Sprachenbarometer Lodz basieren zum einen auf der einschlägigen Literatur zu dem eingangs erörterten weit verstandenen wissenschaftlichen und öffentlichen Diskurs um die Dritte Mission von Hochschulen sowie die Rolle und Form von zukünftigen philologischen Studienrichtungen im Kontext der Herausforderungen von modernen Arbeitsmärkten (vgl. Kap. 1.1). Das folgende Fazit stützt sich ebenfalls auf unserer langjährigen Erfahrung als Gründer, Veranstalter und/ oder Beteiligte zahlreicher Initiativen seitens Hochschulen in Zusammenarbeit mit Unternehmen, sowie unserer wissenschaftlichen, verwaltenden, organisatorischen und didaktischen Tätigkeit im Rahmen klassischer allgemeinakademischer sowie praxisorientierter philologischer Studienrichtungen wie Germanische Philologie BA/ MA, Linguistics for business BA, Linguistics in special communication MA, Linguistics for environmentally responsible business MA oder Angewandte Linguistik BA/ MA.

Die detaillierte exemplarische Datenanalyse der globalen und individuellen Mehrsprachigkeit zeigt, dass die Beherrschung mehrerer Sprachen sowohl auf institutioneller als auch auf individueller Ebene für den Erfolg in der modernen Unternehmenswelt von entscheidender Bedeutung ist. Institutionelle Mehrsprachigkeit ermöglicht es Unternehmen, global zu agieren, während individuelle Mehrsprachigkeit die Flexibilität und Anpassungsfähigkeit der Mitarbeitenden fördert. Beide Formen der Mehrsprachigkeit müssen gefördert und weiterentwickelt werden, um den Anforderungen eines zunehmend vernetzten Arbeitsmarktes gerecht zu werden.

Die Studierenden von Fremdsprachen rüsten sich nicht nur mit direkten sprachlichen Fähigkeiten aus, sondern entwickeln auch eine Reihe von interkulturellen und kognitiven Fähigkeiten, die sie in der heutigen dynamischen und vernetzten Arbeitswelt wettbewerbsfähig machen. Die philologischen Studiengänge und die Outsourcing-Branche in Polen sind zwei separate, jedoch miteinander verknüpfte Aspekte. Polen bietet eine breite Palette von philologischen Studiengängen an, die sich auf verschiedene Sprachen und Kulturen konzentrieren. Dazu gehören Studiengänge in Englisch, Deutsch, Französisch, Spanisch, Russisch und vielen anderen Sprachen. Philologische Studiengänge legen Wert auf die Entwicklung ausgezeichneter Sprachkompetenzen. Die Absolventen erwerben sowohl mündliche als auch schriftliche Fähigkeiten in der gewählten Sprache, was sie für eine breite Palette von Berufen qualifiziert. Neben der Sprachbeherrschung entwickeln philologische Studierende auch interkulturelle Kompetenzen, da sie oft Einblicke in die Kultur, Geschichte und Gesellschaft der Länder erhalten, in denen die jeweilige Sprache gesprochen wird. Philologische Studiengänge in Polen bieten eine solide Grundlage für Karrieren in der Outsourcing-Branche, insbesondere wenn sie mit einer Fremdsprache kombiniert werden. Die Verbindung von Sprachkenntnissen und interkulturellen Fähigkeiten kann Absolventen in dieser wachsenden Branche wertvolle berufliche Chancen eröffnen.

Studierende und Absolventen der philologischen Studiengänge und der Linguistics for business spielen in der Outsourcing-Branche in Polen eine wichtige Rolle. Diese Branche umfasst verschiedene Dienstleistungen, die oft in verschiedenen Sprachen, einschließlich Deutsch, erbracht werden müssen. Sie erwerben eine gründliche Kenntnis der deutschen Sprache und Kultur. Dies ist entscheidend für die Kommunikation mit deutschsprachigen Kunden und die Qualität der Dienstleistungen, die in deutscher Sprache erbracht werden. Sie können kulturelle Nuancen und sprachliche Feinheiten besser verstehen und anwenden. Sie sind in der Lage, Übersetzungen und Lokalisierungsdienste bereitzustellen, um Inhalte und Dokumente aus dem Deutschen ins Polnische und umgekehrt anzupassen. Dies ist für Unternehmen, die ihre Produkte oder Dienstleistungen in verschiedenen Ländern anbieten, von großer Bedeutung. Die Fähigkeit, in der Muttersprache des Kunden zu kommunizieren, ist für den Kundenservice von zentraler Bedeutung. Philologiestudierende und -absolventen können bei der Lösung von Problemen, der Beantwortung von Fragen und der Bereitstellung von Support in deutscher Sprache effizienter und effektiver sein. In der Content-Erstellung und im Übersetzungsbereich spielen Philologiestudierende und -absolventen eine entscheidende Rolle bei der Qualitätssicherung. Sie können Texte in deutscher Sprache auf Grammatik, Stil und Richtigkeit überprüfen, um sicherzustellen, dass die gelieferten Inhalte den Standards entsprechen. Sie bringen ein tiefes Verständnis für die deutsche Kultur und Gesellschaft mit, was bei der Gestaltung von Marketingkampagnen oder der Erstellung von Inhalten für den deutschen Markt von Vorteil ist. Sie können kulturelle Unterschiede berücksichtigen und ansprechende Inhalte erstellen. Die philologische Ausbildung vermittelt auch die Fähigkeit zur schnellen Anpassung an neue Herausforderungen und Aufgaben. Dies ist in der sich ständig verändernden Outsourcing-Branche von entscheidender Bedeutung.

Allerdings gibt es demnach mehrere überzeugende Gründe, warum die Fremdsprachen eine wesentliche Rolle auf dem Ausbildungsweg haben sollten, insbesondere in Verbindung mit den Erwartungen des Arbeitsmarktes. In einer globalisierten Welt sind Sprachkenntnisse ein entscheidender Faktor für die Beschäftigungsfähigkeit. Unternehmen suchen oft nach Mitarbeitern, die mit Kunden, Partnern oder Niederlassungen in anderen Ländern kommunizieren können. Das Beherrschen einer oder mehrerer Fremdsprachen kann die Chancen auf eine Anstellung in verschiedenen Branchen wie Tourismus, internationaler Handel, Diplomatie und natürlich Outsourcing deutlich erhöhen. Viele internationale Unternehmen, die in globalen Märkten tätig sind, bevorzugen Kandidaten, die mehr als eine Sprache sprechen. Dies ermöglicht es den Unternehmen, flexibler auf internationale Marktbedürfnisse zu reagieren und die Kommunikation innerhalb des Unternehmens zu verbessern. Studien sowie Marktberichte zeigen, dass Mehrsprachigkeit oft zu höheren Gehältern führt. Arbeitgeber erkennen den zusätzlichen Wert, den mehrsprachige Mitarbeiter bringen, und sind bereit, für diese Kompetenzen mehr zu zahlen.

6.1.2 Germanistik 2.0 – Ein praxisorientiertes Studienfachkonzept

Nach dem eingangs festgelegtem Prinzip der Erörterung theoretischer Grundlagen, über die Darstellung und Diskussion empirischer Forschungsergebnisse bis hin zu Möglichkeiten deren praktischen Anwendung setzte sich die im vorliegenden Band realisierte globale und detaillierte Datenanalyse der institutionellen und individuellen Mehrsprachigkeit mit besonderer Schwerpunktlegung auf die Einzelsprache Deutsch im Einsatz zu beruflichen Zwecken die Aufgabe, eine Zusammenstellung an weit verstandenen guten Praktiken zu modernen Konzepten neuer und zukünftiger Dimensionen berufsorientierter neophilologischer Sprachenausbildung auszuformulieren. Als wesentlicher Beitrag zu dem im Vorhergehenden erörterten Diskurs um die Chancen und Herausforderungen für den beruflichen Erfolg von Philologen in den dynamisch wachsenden grenzüberschreitenden Arbeitsmärkten im Kontext der Dritten Mission von Hochschulen werden damit neue, relevante und empirisch fundierte Impulse,

Anregungen und Lösungen vorgeschlagen und zugleich ein Teil der in diesem Bereich nach wie vor bestehenden Forschungslücke gefüllt. Als abschließender Schritt werden somit in Form einer SWOT-Analyse die Ansätze für das fachdidaktische Forschungsprojekt **Germanistik 2.0** als Beispiel für ein praxis- und berufsorientiertes Studienfachkonzept vor dem Hintergrund seiner internen und externen Stärken, Schwachstellen, Chancen und Risiken dargestellt und erörtert. Die vorliegende Darstellung versteht sich als erster Schritt zur Erstellung einer ausgebauten SWOT-Matrix und im Anschluss eines prototypischen Entwurfs eines Studienprogramms. Einzelne Forschungsschritte zur Vervollständigung des dargestellten Konzepts sind dem nachstehenden Kapitel 6.2 zu entnehmen.

In Anlehnung an das in Polen aktuell geltende Hochschul- und Wissenschaftsgesetz werden Studiengänge auf drei Niveaustufen angeboten: Studium des I. Grades (Bachelor), Studium des II. Grades (Master) sowie einheitliches Magisterstudium (vgl. HWG 2024: 25, Art. 64). Von besonderem Belang für den Gegenstand der vorliegenden Studie ist dabei die Aufteilung der Studiengänge in zwei Profilrichtungen: eines allgemeinakademischen und praktischen Profils. Studien mit einer allgemeinakademischen Ausrichtung sind eng mit der wissenschaftlichen Tätigkeit der Hochschule verbunden. In diesem Fall wird in den Lehrprogrammen jeweils mehr als die Hälfte der ECTS-Punkte Lehrveranstaltungen zugeteilt, die sich auf die wissenschaftliche Aktivität der jeweiligen Lehrstätte beziehen (vgl. HWG 2024: 25, Art. 64), im Fall der germanischen Philologie exemplarisch etwa den Forschungsdisziplinen Literatur- und Sprachwissenschaft. Lehrveranstaltungen sollen dabei von an der jeweiligen Hochschule angestellten akademischen Lehrern mit entsprechenden Kompetenzen und Erfahrungen angeboten werden, die eine korrekte Realisierung der Lehrveranstaltung sicherstellen, ferner aber auch sonstigem Lehrpersonal mit analogischen Kompetenzen und Erfahrungen (vgl. HWG 2024: 29, Art. 73). Im Fall der allgemeinakademischen Studienprofile muss in diesem Zusammenhang allerdings mindestens 75 % der Unterrichtseinheiten von akademischen Lehrkräften gehalten werden, für die die jeweilige Hochschule als ihre primäre Arbeitsstelle gilt (vgl. HWG 2024: 29, Art. 73). Im Gegensatz dazu stehen Studiengänge mit einer praxisorientierten Profilrichtung in Verbindung mit der praktischen Anwendung von Fähigkeiten und dem im Unterricht erworbenen Wissen. Dabei muss im Studienprogramm mehr als die Hälfte der ECTS-Punkte Lehrveranstaltungen zugeordnet werden, welche bei Studierenden praktische Fähigkeiten entwickeln (vgl. HWG 2024: 25, Art. 64). Im Hinblick auf die Lehrkräfte muss mindestens 50 % der Unterrichtseinheiten von akademischen Lehrern gehalten werden (vgl. HWG 2024: 29, Art. 73), die bestehenden 50 % der Lehrveranstaltungen können allerdings auch an sonstiges Lehrpersonal vergeben werden und etwa von »Praktikern« wie beispielsweise Mitarbeitern von Unternehmen innerhalb des sozio-wirtschaftlichen Umfelds der Hochschule übernommen werden. Darüber hinaus müssen im Rahmen eines praktischen Studienprofils Berufspraktika in einem Mindestumfang von sechs Monaten bei Bachelor- sowie einheitlichen Magisterstudien und drei Monaten im Fall von Masterstudiengängen eingeplant werden (vgl. HWG 2024: 26, Art. 67). Eine Hochschule kann überdies im Fall von praktischen Studienprofilen eine direkte Zusammenarbeit mit Unternehmen im Rahmen eines dualen Studiengangs vertraglich vereinbaren (vgl. HWG 2024: 25, Art. 62)

Als eine bei der Planung neuer sowie Evaluierung bestehender Studienrichtungen eingesetzte Methode der Positionierungsanalyse bewährt sich die aus dem englischen abgeleitete Stärken-Schwächen-Chancen-Risiken-Analyse (engl. *Analysis of strengths, weakness, opportunities and threats*, vgl. Gabler 2024[24]). Eingangs werden im Rahmen einer SWOT-Analyse »Ergebnisse der externen Unternehmens-Umfeld-Analyse in Form eines Chancen-Risiken-Katalogs zunächst zusammengestellt« und anschließend einem »Stärken-Schwächen-Profil der internen Unternehmensanalyse gegenübergestellt« (ebd.). Die jeweiligen Überschneidungen können anschließend gefiltert und in Form einer SWOT-Matrix dargestellt werden. Darin werden die weiter ausbaufähigen Chancen aufgezeigt sowie Gefährdungen konkretisiert, »gegen die sich die Unternehmung zur Nutzung ihrer Stärken absichern sollte«, aber auch diejenigen Schwächen, die »in der gleichen Absicht aufgeholt werden sollten« (ebd.). Schließlich werden ebenfalls diejenigen Risiken aufgedeckt, die doppelt zu meiden sind, da »gerade in ihnen die internen Schwächen der Unternehmung mit den externen Risiken des Umfeldes zu einer doppelt gefährlichen Deckung kommen« (Gabler 2024[25]).

Die nützlichen Variationsparameter (Stärken, Chancen) eines praxis- und berufsorientierten Studienfachkonzepts der Germanistik 2.0 liegen zuallererst in einer gesetzlich und formell festgelegten Möglichkeit einer umfangreicheren und intensiveren Integration des sozio-wirtschaftlichen Umfelds in die angebotenen didaktischen Lösungen. Aus interner Perspektive der Hochschule ist in Anlehnung an die einschlägige Literatur innerhalb des zuvor erläuterten öffentlichen Fachdiskurses um die Dritte Mission von Universitäten eine steigende Tendenz zur Wende in Richtung *Employability*, Praxis- sowie Kompetenzorientiertheit moderner neophilologischer Studiengänge zu beobachten. Dies wird auch formell durch die gesetzlichen Regelungen etwa zum Lehrpersonal, Berufspraktika oder dualen Studienformen innerhalb praktischer Studiengangprofile gesichert. Als Anbieter neophilologischer Hochschulausbildung besitzen philologische Fakultäten ferner meist die personellen sowie organisatorischen Kapazitäten zur Ausbildung von derzeit auf dem Arbeitsmarkt weitmäßig geforderter im vorliegenden Band erörterter individueller äußerer und innerer Mehrsprachigkeit.

---

24 https://wirtschaftslexikon.gabler.de/definition/swot-analyse-52664 (10.11.2024).
25 https://wirtschaftslexikon.gabler.de/definition/swot-analyse-52664 (10.11.2024).

Nicht zu unterschätzen bleibt dabei die Tatsache, dass es sich im Hinblick auf die zur Abwicklung der jeweiligen Lehrveranstaltungen delegierten Hochschullehrer gleichzeitig nicht selten um in bestimmten verwandten Berufszweigen aktive hochspezialisierte »Praktiker« wie etwa Mitarbeiter der weit gefassten Outsourcing-Branche, vereidigte Fachübersetzer, Sprachtrainer und/ oder Sprachprüfer handeln kann. Aus externer Perspektive des sozio-wirtschaftlichen Umfelds der Hochschule verstehen sich nach wie vor die immense Entwicklung sowie Perspektiven des personellen und infrastrukturellen Ausbaus innerhalb der Branche moderner Unternehmensdienstleistungen in Polen sowie die Nachfrage nach mehrsprachigen Kandidaten mit besonderer Schwerpunktsetzung auf Deutsch als ausgesprochen nützliche Variationsparameter. Bis 50 % der Lehrveranstaltungen kann dabei direkt von in den jeweiligen Fachbereichen sowie praktisch eingesetzten Future Skills befähigten und erfahrenen Mitarbeitern der Partnerunternehmen übernommen werden.

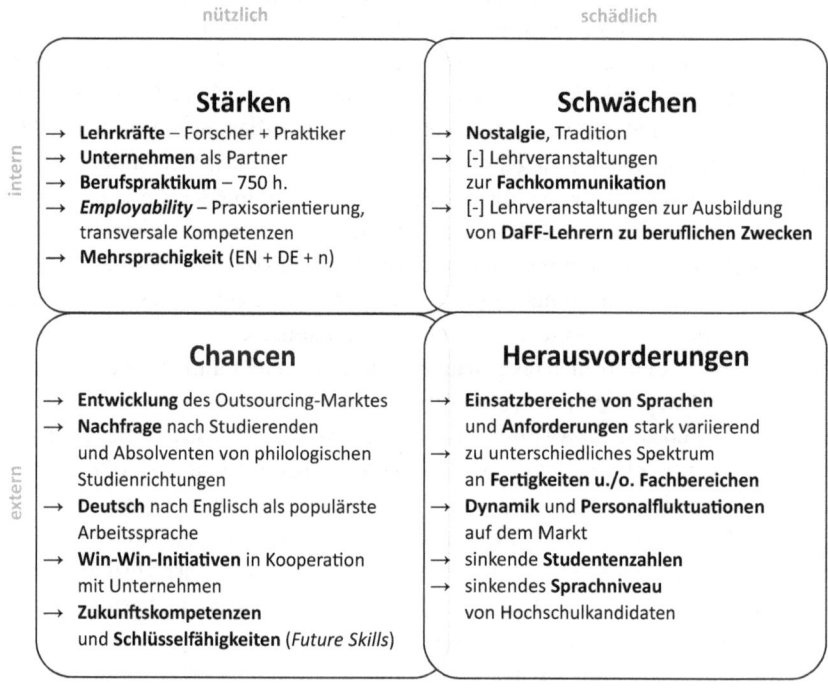

Abb. 15. Germanistik 2.0 – SWOT-Analyse

Dagegen lässt sich auf der Seite der als schädlich zu betrachtenden Variationsparameter (Schwächen, Herausforderungen) aus interner Sicht die nach wie vor dominierende allgemeinakademische traditionsbasierte Auffassung von philologischen Studiengängen (vgl. etwa Kap. 1) und damit einem geringen Anteil an

Lehrveranstaltungen zur Entwicklung fachsprachlicher Kompetenzen oder der Ausbildung von DaFF-Lehrkräften zu beruflichen Zwecken nennen. Aus externer Perspektive betrachtet liegen die größten Herausforderungen in der starken Dynamik und Personalfluktuation der Outsourcing-Branche, darunter variablen, unvorhersehbaren und von Fall zu Fall variierenden Einsatzbereichen von Sprachen und Anforderungen sowie einem breiten und unterschiedlichen Spektrum an Fachbereichen, aber auch sinkenden Studentenzahlen sowie sinkendem Sprachniveau von Hochschulkandidaten (vgl. zu alldem Abb. 15).

6.2 Fazit und Ausblick

In Anlehnung an globale Erkenntnisse zur berufskommunikativen und fachsprachendidaktischen Entwicklungsdynamik der Outsourcing-Branche in Polen im Zeitraum 2014–2024 aus der Perspektive der realisierten Erhebungen des Sprachenbarometer-Projekts bietet der vorliegende Band auch den Einblick in die detaillierten Ergebnisse und Datenmaterial der aktuellsten abgeschlossenen Barometerstudie 12/2023 zur individuellen und institutionellen Mehrsprachigkeit innerhalb eines Dienstleistungsunternehmens im Outsourcing-Sektor. Im überwiegenden Teil konnten Daten zu den formulierten Fragestellungen wie Ausbildungsstand, Berufserfahrung, Sprachenkenntnisse sowie Rolle und Einsatz der jeweiligen Einzelsprachen nach Sprachfertigkeiten und abgewickelten Fachbereichen (F1 – F5) innerhalb der Probandengruppe vollständig erhoben, ausgewertet und im globalen wie individuellen Kontext analysiert und interpretiert werden (vgl. Kap. 5). Bezüglich der im Rahmen der Fragestellungen nach der Form und Umfang der unternehmensinternen allgemeinen und berufsorientierten fremd- und fachsprachlichen Aus- und Weiterbildung von Angestellten (F6) sowie ggf. auftretender kommunikativer Hürden am Arbeitsplatz (F7) verweist das Datenmaterial auf allgemeine Tendenzen und ist als Zusammenstellung individueller Fallbeispiele zu interpretieren. Beide Bereiche empfehlen sich somit für weiterführende vertiefte quantitative und/ oder qualitative Studien.

Der vorliegende Band bietet ein komplett bearbeitetes als Dataset dargestelltes Datenmaterial zu der im Rahmen der Probandengruppe vollständigen zu beruflichen Zwecken verwendeten Sprachenpalette für allerlei weitere mögliche Analyse- und Auswertungsmöglichkeiten (vgl. Kap. 5.2).

Bestimmte methodische Zugänge und Herangehensweisen sowie weitere Forschungsschritte zu dem Untersuchungsgegenstand und den zwei globalen Forschungszielen konnten ferner im Hinblick auf eventuelle Wendepunkte und Zukunftsperspektiven ausgewertet und eingeplant werden:

- Sprachenbarometer Lodz 2023. Mitarbeiter des Sektors moderner Business Services (13/2024)[26]: im Hinblick auf die sozio-wirtschaftliche Zielrichtung des Sprachenbarometer-Projekts versteht sich der nächste Schritt als Fortsetzung zu 12/2023 in der Auswertung und Analyse einer Vergleichsprobe zusammengestellten Datenmaterials (vgl. Tab. 45).
- Sprachenbarometer Wirtschaft 2025: Fortsetzung der Erhebung mit der Zielsetzung auf das soziale und wirtschaftliche Umfeld, mit besonderer Berücksichtigung der Wirtschaftssparte moderner Unternehmensdienstleistungen mit institutioneller sowie individueller Schwerpunktsetzung mit zusätzlichem Fokus auf Zukunftskompetenzen und Schlüsselfähigkeiten (Future Skills).
- Sprachenbarometer Hochschule/ Hochschüler 2025: Fortsetzung der Erhebung mit der Zielsetzung auf für den Prozess des berufsbezogenen Fremd- und Fachsprachenunterrichts und -erwerbs relevante subjektive sowie objektive Variationsparameter zu isolieren, mit Schwerpunktsetzung auf Bildungseinrichtungen auf akademischer Stufe sowie fremd- und fachsprachenlernende Studierende (Ausbildungsstand, Studienrichtungen, Praktika etc.).

Abgesehen von der Zielrichtung der jeweiligen Erhebung ist ein nach Möglichkeit gemischter qualitativer und quantitativer methodischer Ansatz mit sich gegenseitig ergänzenden Untersuchungswerkzeugen empfehlenswert.

Sprachenbarometer Lodz 2023. Mitarbeiter des Sektors moderner Business Services (13/2024)	
Zeitraum und Ort der Datenerhebung	September-Oktober 2023, Kraków
Untersuchungsteilnehmer	11 Teilnehmer, aus betriebsinternen Gründen anonymisiert
Umfrageadressaten	Mitarbeiter
Charakteristik der Zielgruppe	Mitarbeiter der Branche moderner Unternehmensdienstleistungen in Kraków einer gewählten Abteilung im internationalen Shared-Services-Unternehmen in Kraków für Kunden der DACHL-Märkte. Ausbildung ist kein Faktor bei der Auswahl der Zielgruppe. Erfragt werden alle zu beruflichen Zwecken eingesetzten (Fremd)sprachen, Fertigkeiten und Fachsprachen.
Untersuchungsmethode	Qualitative fragebogenbasierte Umfrage

Tab. 45. Sprachenbarometer Lodz 2023 – Erhebung 13/2024

---

[26] Konzept und Durchführung: Kamil Łuczak M. A., Dr. Agnieszka Stawikowska-Marcinkowska, Univ.-Prof. Dr. habil. Jacek Makowski. Abteilung Spezialisierte Linguistik und Didaktik am Institut für Germanistik, Universität Lodz. Vgl. https://jezykowybarometr.wixsite.com/lodz, www.facebook.com/TheLanguageBarometerofLodz (01.10.2024).

7. Bibliographie

Abrashi, Teuta/ Tichy, Ellen/ Sava, Doris (Hg.) (2021) *Germanistik in Mittelost- und Südosteuropa. Bildung und Ausbildung für einen polyvalenten Arbeitsmarkt.* Berlin: Peter Lang.

Adler, Nancy J./ Gundersen, Allison (2008): *International Dimensions of Organizational Behavior.* Boston: Cengage Learning.

Ammon, Ulrich (2015): *Die Stellung der deutschen Sprache in der Welt.* Berlin, Boston: De Gruyter.

Association of Business Service Leaders (ABSL) (2014): *Sektor nowoczesnych usług biznesowych w Polsce 2014.* Warszawa: ABSL.

Association of Business Service Leaders (ABSL) (2015): *Sektor nowoczesnych usług biznesowych w Polsce 2015.* Warszawa: ABSL.

Association of Business Service Leaders (ABSL) (2016): *Sektor nowoczesnych usług biznesowych w Polsce 2016.* Warszawa: ABSL.

Association of Business Service Leaders (ABSL) (2017): *Sektor nowoczesnych usług biznesowych w Polsce 2017.* Warszawa: ABSL.

Association of Business Service Leaders (ABSL) (2018): *Sektor nowoczesnych usług biznesowych w Polsce 2018.* Warszawa: ABSL.

Association of Business Service Leaders (ABSL) (2019): *Sektor nowoczesnych usług biznesowych w Polsce 2019.* Warszawa: ABSL.

Association of Business Service Leaders (ABSL) (2020): *Sektor nowoczesnych usług biznesowych w Polsce 2020.* Warszawa: ABSL.

Association of Business Service Leaders (ABSL) (2021): *Sektor nowoczesnych usług biznesowych w Polsce 2021.* Warszawa: ABSL.

Association of Business Service Leaders (ABSL) (2022): *Business Services Sector in Poland 2022.* Warsaw: ABSL.

Association of Business Service Leaders (ABSL) (2023): *Business Services Sector in Poland 2023.* Warsaw: ABSL.

Auer, Peter (1999): *Institutionelle Kommunikation.* Wiesbaden: Springer Verlag.

Bartmiński, Jerzy (2001): *Język i wartości.* Lublin: Wydawnictwo UMCS.

Bauman, Zygmunt (1998): *Globalization: The Human Consequence.* New York: Columbia University Press.

Baumann, Klaus-Dieter (2000): *Die Entwicklung eines integrativen Fachsprachenunterrichts – eine aktuelle Herausforderung der Angewandten Linguistik.* In: Baumann,

Klaus-Dieter/ Kalverkämper, Hartwig/ Steinberg-Rahal, Kerstin (Hg.): Sprachen im Beruf. Stand – Probleme – Perspektiven. Tübingen: Narr, 149–174.

Baumann, Klaus-Dieter (2016): *Allgemeine und polnische Fachsprachenforschung:* In: Nycz, Krzysztof/ Baumann, Klaus-Dieter/ Kalverkämper, Hartwig (Hg.): Fachsprachenforschung in Polen. Berlin: Frank & Timme, 7–32.

Beck, Ulrich (1997): *Was ist Globalisierung?* 4. Auflage. Frankfurt am Main: Suhrkamp Verlag.

Beck, Ulrich (2000): *Der globale Kapitalismus und seine Krise.* Frankfurt am Main: Suhrkamp Verlag.

Bertschek, Irene/ Engelstätter, Benjamin/ Müller, Bettina/ Ohnemus, Jörg/ Schleife, Katrin (2008): *Auslagerung von Geschäftsprozessen (BPO). Unternehmensbefragung Sommer 2008 in Baden-Württemberg.* Stuttgart: MFG Stiftung Baden-Württemberg.

Bogusławska-Tafelska, Marta (2013): *The Interplay of Language and Culture in International Business Communication.* Cambridge: Cambridge Scholars Publishing.

Bogusławski, Andrzej (1986): *Język urzędowy i jego społeczne funkcje.* Warszawa: PWN.

Bolten, Jürgen (2007): *Interkulturelle Wirtschaftskommunikation: Theorien, Methoden, Fallbeispiele.* Göttingen: Vandenhoeck & Ruprecht Verlage.

Carson, Lorna/ Kam Kwok, George/ Smyth, Caroline (Hg.) (2020): Language and Identity in Europe. The Multilingual City and its Citizens. Berlin: Peter Lang.

Carvalho De Figueiredo, Paula Alexandra/ Da Silva Rodrigues, Charles Ysaacc (2017): *Do multilinguismo ao pluriculturalismo na união europeia.* In: Entretextos 9 (25), 1–14.

Cornelissen, Joep (2017): *Corporate Communication: A Guide to Theory and Practice.* London: Sage Publication.

Crystal, David (2003): *Language Death.* Cambridge: Cambridge University Press.

Dressler, Soeren (2007): *Shared Services, Business Process Outsourcing und Offshoring. Die moderne Ausgestaltung des Back Office – Wege zu Kostensenkung und mehr Effizienz im Unternehmen.* Wiesbaden: Gabler.

Duszak, Anna (2002): *Us and Others: Social Identities Across Languages, Discourses and Culture.* Amsterdam: John Benjamins Publishing.

Efing, Christian (2014): *Berufssprache & Co. Berufsrelevante Register in der Fremdsprache. Ein varietätenlinguistischer Zugang zum berufsbezogenen DaF-Unterricht.* In: Informationen Deutsch als Fremdsprache 41, 415–441.

Eichhorst, Werner (2014): *Flexibilisierung und Deregulierung der Arbeitsmärkte in der globalisierten Welt.* Wiesbaden: Springer Verlag.

Europäische Kommission (2006): *Effects on the European Economy of Shortages of Foreign Language Skills in Enterprise.* <https://ec.europa.eu/assets/eac/languages/policy/strategic-framework/documents/elan_en.pdf>.

Feely, Alan/ Harzing, Anne-Wil (2003): *Language management in multinational companies.* In: Cross Cultural Management: An International Journal, 37–52.

Franceschini, Rita (2022): *Was sollte der Begriff der Mehrsprachigkeit alles umfassen?* In: Colloquium: New Philologies 7 (1), 13–37.

Gabler Verlag/ Springer Fachmedien Wiesbaden GmbH (2010) (=Gabler 2010). *Gabler Kompakt-Lexikon Wirtschaft: 4500 Begriffe nachschlagen, verstehen, anwenden. 10., vollständig überarbeitete und erweiterte Auflage.* Wiesbaden: Gabler.

Gajewska, Elżbieta/ Sowa, Magdalena (2014): *LSP, FOS, Fachsprache... Dydaktyka języków specjalistycznych.* Lublin: Werset.

Gajewska, Elżbieta/ Sowa, Magdalena/ Kic-Drgas, Joanna (2020): *Filologia wobec wyzwań komunikacji specjalistycznej: od współpracy z biznesem po kształcenie nauczycieli*. Poznań: Wydawnictwo Uniwersytetu im. Adama Mickiewicza.

Goźdź-Roszkowski, Stanisław/ Makowski, Jacek (2015): *»Lingwistyka dla biznesu czy biznes dla lingwistyki?« – rola i miejsce specjalistycznych języków obcych w programie interdyscyplinarnych studiów uniwersyteckich*. In: Sowa, Magdalena/ Mocarz-Kleindienst, Maria/ Czyżewska, Urszula (Hg.): Nauczanie języków obcych na potrzeby rynku pracy. Lublin: Wydawnictwo Katolickiego Uniwersytetu Lubelskiego, 67–78.

Goźdź-Roszkowski, Stanisław/ Makowski, Jacek (2018): *Jak twórczo kształcić humanistów dla potrzeb rynku pracy? Studium przypadku: kierunek »Lingwistyka dla biznesu na Uniwersytecie Łódzkim«*. In: Płuciennik, Jarosław/ Czajkowska, Maria/ Wróblewski Michał (Hg.): Twórczość, zatrudnialność, uniwersytet. Łódź: Wydawnictwo Uniwersytetu Łódzkiego, 25–36.

Graf, Daniel/ Schober, Barbara/ Jordan, Gesine/ Spiel, Christiane (2021): *Third Mission*. In: Schmohl, Tobias/ Philipp Thorsten (Hg.): Handbuch Transdisziplinäre Didaktik. Bielefeld: Transcript Verlag, 323–332.

Grucza, Sambor/ Alnajjar, Justyna (Hg.) (2015): *Kommunikation in multikulturellen Projektteams*. Frankfurt am Main: Peter Lang.

Grzenia, Jan (2006): *Język w instytucjach*. Warszawa: PWN.

Grzeszczakowska-Pawlikowska, Beata (2022): *Kommunikative Sprechkompetenz als gefragte Schlüsselkompetenz auf der Unternehmensebene – einige Ergebnisse des Projekts »Sprachenbarometer Lodz (Łódź) 2021«*. In: Academic Journal of Modern Philology 16, 91–100.

Grzeszczakowska-Pawlikowska, Beata/ Makowski, Jacek/ Stawikowska-Marcinkowska, Agnieszka (2022): *Languages for Specific Purposes in the Business Services Sector in Poland 2021. Origins, Background, Results and Perspectives of the Language Barometer of Lodz*. In: Academic Journal of Modern Philology 16, 75–89.

Grzeszczakowska-Pawlikowska, Beata/ Stawikowska-Marcinkowska, Agnieszka (Hg.) (2020): *Germanistinnen und Germanisten im Beruf – zwischen Ausbildung und Realität*. Łódź: Wydawnictwo Uniwersytetu Łódzkiego.

Grzybowska, Magda (2024): *Fachsprachenvermittlung für den modernen Arbeitsmarkt*. Göttingen: V&R unipress.

Habermas, Jürgen (1981): *Theorie des kommunikativen Handelns*. Frankfurt am Main: Suhrkamp Verlag.

Haj Taieb, Sirine (2024): *Measuring the third mission of European Universities: A systematic literature review*. In: Society and Economy 46 (2), 147–167. <https://akjournals.com/view/journals/204/46/2/article-p147.xml>.

Hanus, Anna/ Kaczmarek, Dorota (2022): *Sekretne życie gatunków. Komunikacja w przestrzeni medialnej – perspektywa germanistyczna*. Wrocław, Dresden: Atut, Neisse Verlag.

Henke, Justus/ Pasternack, Peer/ Schmid Sarah (2016): *Third Mission von Hochschulen: Eine Definition*. In: Das Hochschulwesen 64 (1, 2), 16–22.

Hermand, Marie-Helene/ Niessen, Annie (2023): *Multilinguisme et Union européenne*. In: De Europa 6 (1), 7–11.

Hoffmann, Lothar (1985): *Fachsprachen: Ein internationales Handbuch zur Fachsprachenforschung und Terminologiewissenschaft*. Berlin, Boston: De Gruyter.

Hofstede, Geert (1980): *Culture's Consequences: International Differences in Work-Related Value.* London: Sage Publication.
Hohenstein, Christiane/ Hornung, Antonie (2022): *Zum Verhältnis von Sprache, Sprachen und Institutionen in mehrsprachigen Gesellschaften. Eine Einleitung.* In: Hohenstein, Christiane/ Hornung, Antonie (Hg.) Sprache und Sprachen in Institutionen und mehrsprachigen Gesellschaften. Münster: Waxmann.
Kałasznik, Marcelina/ Szczęk, Joanna (2020): *Fachsprachen in der universitären Ausbildung – Ein kritischer Überblick über die fachsprachliche Komponente in den Studienprogrammen für das Fach Germanistik in Polen.* In: Studia Germanistica 26, 107–119.
Kałasznik, Marcelina/ Szczęk, Joanna (2020): *Kulinarische Onomastik an gewählten deutschen und polnischen Beispielen.* Berlin: Peter Lang.
Kałasznik, Marcelina/ Szczęk, Joanna (2022): *Wirtschaftsdeutsch in der universitären Ausbildung im Fach Germanistik in Polen – Versuch einer Bestandsaufnahme.* In: Academic Journal of Modern Philology 16, 111–126.
Kamińska-Radomska, Irena (2020): *Etykieta biznesu, czyli międzynarodowy język kurtuazji.* Warszawa: Studio Emka.
Kic-Drgas Joanna (2017): *Polityka językowa przedsiębiorstwa a planowanie kursu języka specjalistycznego na przykładzie branży informatycznej.* In: Lingwistyka Stosowana 23, 107–117.
Kic-Drgas, Joanna (2020): *Zur Entwicklung von Soft Skills im fachspezifischen Fremdsprachenunterricht.* In: Zielsprache 3, 36–51.
Kic-Drgas, Joanna (2022): *Entwicklung der Schreibkompetenz in einer Fremdsprache an der Hochschule. Konzept für die Schreibvermittlung im berufsbezogenen Unterricht am Beispiel von Deutsch als Fremdsprache.* Göttingen: V&R unipress.
Kic-Drgas, Joanna/ Woźniak, Joanna/ Bocanegra-Valle, Ana/ John, Peter/ Mertelj, Darja (2023): *Diskrepanzen zwischen der institutionell angebotenen Fachsprachendidaktik und den Bedürfnissen der Fachsprachenlehrkräfte. Ein methodischer Ansatz.* In: Linguistische Treffen in Wrocław 24, 103–116.
Kic-Drgas, Joanna/ Jurkovič, Violeta (2024): *Paths of purpose. A Journey into LSP Teacher Development.* Göttingen: V&R unipress.
Kic-Drgas, Joanna/ Woźniak, Joanna (2020): *Fachsprachendidaktik an europäischen Hochschulen – Stand und Perspektiven.* In: Adamczak-Krysztofowicz, Sylwia/ Szczepaniak-Kozak, Anna/ Rybszleger, Paweł (Hg.): Angewandte Linguistik – Neue Herausforderungen und Konzepte. Göttingen: V&R unipress, 311–331.
Kic-Drgas, Joanna/ Woźniak, Joanna (Hg.) (2022): *Perspektywy kształcenia nauczycieli języków specjalistycznych w Polsce.* Wydawnictwo FRSE.
Klieme, Eckhard/ Beck, Bärbel (Hg.) (2007): *Sprachliche Kompetenzen. Konzepte und Messung. DESI-Studie (Deutsch Englisch Schülerleistungen International).* Weinheim: Beltz.
Kniffka, Gabriele/ Roelcke, Thorsten (2016): *Fachsprachenvermittlung im Unterricht.* 1. Auflage. Paderborn: Schöningh.
Kołodko, Grzegorz W. (2002): *Globalization and Catching-Up in Transition Economies.* University of Rochester Press.
Korzeniowska, Anna (2009): *Outsourcing w bankach komercyjnych.* Warszawa: Difin.
Krotz, Friedrich (2007): *Mediatisierung: Fallstudien zum Wandel von Kommunikation.* Wiesbaden: Springer Verlag.

Kryńska, Elżbieta (2012): *Warunki pracy w dobie globalizacji.* Wydawnictwo Naukowe Scholar.

Kujawa, Izabela (Hg.) (2020): *Wirtschaftsdeutsch als Fremdsprache. Ein Leitfaden mit ausgewählten Themen für die Praxis.* Gdańsk: Wydawnictwo Uniwersytetu Gdańskiego.

Kujawa, Izabela (Hg.) (2022): *Zum Einsatz von authentischen Texten im Fremdsprachenunterricht im Hinblick auf die Anforderungen des Arbeitsmarktes am Beispiel des Projekts/Lehrwerks: Wirtschaftsdeutsch als Fremdsprache. Ein Leitfaden mit ausgewählten Themen für die Praxis.* In: Academic Journal of Modern Philology 16, 149–155.

Langenohl, Andreas (2008): *Kulturelle Deutungsmuster in der Finanzwirtschaft: Verstehen und Verständigung an Finanzmärkten.* Frankfurt am Main: Campus Verlag.

Łuczak, Kamil (2025): *Fremdsprachliche und fachsprachliche Mehrsprachigkeit im Dienstleistungssektor in Polen.* Łódź: Uniwersytet Łódzki – Wydział Filologiczny (Dissertation, im Erscheinen).

Lukszyn, Jerzy (2005): *Języki specjalistyczne i ich funkcje.* Warszawa: PWN.

Maassen, Peter/ Andreadakis, Zacharias/ Gulbrandsen, Magnus/ Stensaker, Bjørn (2019): *The Place of Universities in Society.* Hamburg: Körber Stiftung.

Makowski, Jacek (2013): *Die Abgeordnetenrede im Europäischen Parlament. Korpusgestützte textsortenorientierte Analyse deutschsprachiger Wortmeldungen in den Plenardebatten des Europäischen Parlaments.* Łódź: Primum Verbum.

Makowski, Jacek (2014): *Lodzer Sprachenbarometer 2014. Fremdsprachengebrauch vs Fremdsprachenerwerb im Kontext des Lodzer Arbeitsmarktes.* In: Kaczmarek, Dorota/ Makowski, Jacek/ Michoń, Marcin/ Weigt, Zenon (Hg.): Didaktische und linguistische Implikationen der interkulturellen Kommunikation. Łódź: Wydawnictwo Uniwersytetu Łódzkiego, 133–146.

Makowski, Jacek (2015): *Ewaluacja potrzeb przedsiębiorstw w zakresie kandydatów ze znajomością języków obcych.* Norway Grants, Fundusz Stypendialny i Szkoleniowy, FSS/2014/HEI/W/0110. Łódź: Uniwersytet Łódzki – Wydział Filologiczny.

Makowski, Jacek (2018a): *Planowanie kursu języka specjalistycznego na poziomie uczelni wyższej z uwzględnieniem specyfiki branży nowoczesnych usług dla biznesu. Przykładowa dydaktyzacja autentycznych tekstów fachowych w zadaniach typu »case study«.* In: Stawikowska-Marcinkowska, Agnieszka/ Grzeszczakowska-Pawlikowska, Beata (Hg.): Speclang 2. Języki specjalistyczne. Edukacja – Perspektywy – Kariera. Łódź: Wydawnictwo Uniwersytetu Łódzkiego, Primum Verbum, 52–76.

Makowski, Jacek (2018b) *Rola czynników obiektywnych w dydaktyce języków specjalistycznych na poziomie uniwersyteckim. Omówienie wyników badania ankietowego w ramach projektu »Językowy barometr Łodzi«.* In: Komunikacja specjalistyczna 15, 16, 15–30.

Makowski, Jacek (2018c): *Zur textuellen Teilkompetenz im arbeitsmarktorientierten Fachsprachenunterricht am Beispiel der Branche moderner Unternehmensdienstleistungen und des Wissensbereichs Finanzen.* In: Grzeszczakowska-Pawlikowska, Beata/ Stawikowska-Marcinkowska, Agnieszka (Hg.): Speclang. Fachsprachen – Ausbildung – Karrierechancen. Łódź: Wydawnictwo Uniwersytetu Łódzkiego, Primum Verbum, 66–99.

Makowski, Jacek (2022a): *Germanistik im Beruf: Ausbildung, Karrierechancen, Realität. Spezifik der beruflichen (Fach-)Kommunikation von Germanisten in der Branche mo-*

derner Unternehmensdienstleistungen in Polen. In: Academic Journal of Modern Philology 16, 171–182.

Makowski, Jacek (2022b): *Politikersprache als Fachsprache? Parlamentarische Plenardebatten aus soziolinguistischer Sicht am Beispiel der Aussprache des Europäischen Parlaments zum digitalen COVID-Zertifikat der EU.* In: Jakosz, Mariusz/ Kałasznik, Marcelina (Hg.): Corona-Pandemie: Diverse Zugänge zu einem aktuellen Superdiskurs. Göttingen: V&R unipress, 355–364.

Makowski, Jacek/ Stawikowska-Marcinkowska, Agnieszka/ Grzeszczakowska-Pawlikowska, Beata (2022): *Językowy Barometr Łodzi 2021. Pracownicy sektora nowoczesnych usług dla biznesu (dataset).* Łódź: Uniwersytet Łódzki <https://repozytorium.uni.lodz.pl/handle/11089/43511>.

Marcinkowska, Elżbieta (2015): *Rynek outsourcingu usług biznesowych w Polsce – stan i perspektywy rozwoju.* In: Studia Ekonomiczne. Zeszyty Naukowe Uniwersytetu Ekonomicznego w Katowicach 244, 130–140.

Matejun, Marek (2006): *Rodzaje outsourcingu i kierunki jego wykorzystania.* In: Zeszyty Naukowe Politechniki Łódzkiej. Organizacja i Zarządzanie 42, 19–36.

Merkel, Wolfgang (2010): *Demokratie und Globalisierung: Herausforderungen und Chancen.* Wiesbaden: Springer Verlag.

Middeke, Annegret/ Sava, Doris/ Tichy, Ellen (Hg.) (2019): *Germanistische Diskurs- und Praxisfelder in Mittelosteuropa.* Berlin: Peter Lang.

Migodzińska, Maria/ Pietrzak, Agnieszka (2024) (Hg.): *Fachsprachen – Fachkommunikation – fachdidaktische Diskurse.* Göttingen: V&R unipress.

Mikołajczyk, Beata/ Grzeszczakowska-Pawlikowska, Beata (2025) (Hg.): *Kompetenzorientierte Hochschullehre in germanistischen Studiengängen. Herausforderungen – Entwicklungstendenzen – Perspektiven.* Göttingen: V&R unipress.

Müller, Franz O. (2019): *Sprachpolitik in multinationalen Unternehmen: Strategien und Herausforderungen.* Gabler Verlag.

Orłowski, Witold (2006): *Migracje zarobkowe a gospodarka kraju.* Warszawa: PWN.

Pawlak, Mirosław (2016): *Wielojęzyczność i międzykulturowość w polskim kontekście edukacyjnym – realistyczne cele czy mity edukacyjne?* In: Neofilolog 46 (2), 153–172.

Phillipson, Robert (2003): *English-Only Europe? Challenging Language Policy.* Abingdon: Routledge.

Pietrzak, Agnieszka (2023): *Übersetzungen des polnischen Strafgesetzbuches ins Deutsche. Rechtsterminologie und Übersetzungsstrategien.* Göttingen: V&R unipress.

Pilz, Gerald (2023): *Personalwirtschaft Schritt für Schritt. Arbeitsbuch mit eLearning-Kurs.* 5., überarbeitete Auflage. München: UVK Verlag.

Pięs, Łukasz M. (2022): *Zarządzanie terminologią w ramach kierunku studiów »Lingwistyka w komunikacji specjalistycznej«.* In: Academic Journal of Modern Philology 16, 231–242.

Power, Mark J./ Desouza Kevin C./ Bonifazi Carlo (2010): *Outsourcing. Podręcznik sprawdzonych praktyk.* Warszawa: MT Biznes Ltd.

Preußer, Liliane/ Kabas-Komorniczak, Renata (2016): *»Shared Service Center«. Polen ein hoch attraktiver Standort.* In: Entrepreneur (7), 12–13.

Proff, Harald K. (2018): *Mehrsprachigkeit und internationale Unternehmenskommunikation.* Wiesbaden: Springer Verlag.

Rada, Roberta/ Lemkecher, Samira (Hg.) (2023): *Interdisziplinarität, Kompetenzorientiertheit und Digitalisierung als aktuelle Tendenzen und Herausforderungen in der Germanistik*. Berlin: Peter Lang.
Raitskaya, Lilia/ Tikhonova, Elena (2023): *Multilingualism and Beyond: Implications for Education*. In: Journal of Language and Education, 9 (2), 5–11.
Roelcke, Thorsten (2017): *Dynamisierung Differenzierung Dezentralisierung. Tendenzen beruflicher Kommunikation im Deutschen am Beispiel der Verordnung über die Berufsausbildung zum Kraftfahrzeugmechatroniker und zur Kraftfahrzeugmechatronikerin*. In: Glottotheory 8 (2), 155–170.
Roelcke, Thorsten (2020): *Fachsprachen. Lehrbuch/Studienliteratur. 4., neu bearbeitete und wesentlich erweiterte Auflage*. Berlin: ESV.
Roelcke, Thorsten (2021a): *Fachsprachen und berufliche Kommunikation*. In: Tichy, Ellen/ Tesch, Felicitas (Hg.): Deutsch in Fach und Beruf. Aktuelle Fragen und neue Ansätze der Fremdsprachenvermittlung. Berlin: Peter Lang, 11–20.
Roelcke, Thorsten (2021b): *Fachsprachliche Vielfalt im Gegenwartsdeutschen*. In: Lublin Studies in Modern Languages and Literature 45 (1), 51–63.
Roelcke, Thorsten (2022): *Fachsprachliche Pluralität in der beruflichen Kommunikation*. In: Academic Journal of Modern Philology 16, 217–230.
Roelcke, Thorsten (2024): Funktionen von Fachkommunikation. In: Linguistische Treffen in Wrocław 25, 203–213.
Roessler, Isabell (2015): *Third Mission. Die ergänzende Mission neben Lehre und Forschung*. In: Wissenschaftsmanagement. Zeitschrift für Innovation 2, 46–48.
Rybiński, Krzysztof (2007): *Globalizacja w trzech odsłonach, offshoring – globalne nierównowagi – polityka pieniężna*. Warszawa: Difin.
Schimank, Uwe (2000): *Handeln und Strukturen: Einführung in die akteurtheoretische Soziologie*. Weinheim: Juventa Verlag.
Schmidt, Helmut (2001): *Die Kräfte der Globalisierung*. Berlin: Econ Verlag.
Schubert, Klaus (2007): *Juristische Fachsprache und ihre Verständlichkeit*. Berlin, Boston: De Gruyter.
Siebert, Horst (2007): *The Global Economy: How It Work*. Princeton: Princeton University Press.
Sławek, Tadeusz (2002): *Antygona w świecie korporacji: rozważania o uniwersytecie i czasach obecnych*. Katowice: Wydawnictwo Uniwersytetu Śląskiego.
Smuk, Maciej/ Grabowska, Monika/ Sowa, Magdalena (2023): *Studia filologiczne w Polsce z perspektywy studenta*. Kraków: Universita.
Sowa, Magdalena (Hg.) (2020): *In search of the LSP teacher's competencies / A la recherche des compétences des enseignants de LS*. Berlin: Peter Lang.
Sowa, Magdalena/ Mocarz-Kleindienst, Maria/ Czyżewska, Urszula (Hg.) (2015): *Nauczanie języków obcych na potrzeby rynku pracy*. Lublin: Wydawnictwo Katolickiego Uniwersytetu Lubelskiego.
Spiel, Christiane/ Graf, Daniel/ Stempfer, Lisa/ Holzer, Julia/ Schultes, Marie-Therese/ Brandt, Laura/ Somoza, Veronika/ Schober, Barbara (2020): *Die dritte Mission von Universitäten – Impact Assessment als Herausforderung*. In: Welpe, Isabell M./ Stumpf-Wollersheim, Jutta/ Folger, Nicholas/ Prenzel, Manfred (Hg.): Leistungsbewertung in wissenschaftlichen Institutionen und Universitäten. Eine mehrdimensionale Perspektive. Berlin, Boston: De Gruyter, 250–273.

Springer Gabler/ Springer Fachmedien Wiesbaden GmbH (2024:) (=Gabler 2024). *Gabler Wirtschaftslexikon online*. Wiesbaden: Springer Fachmedien Wiesbaden GmbH.

Stawikowska-Marcinkowska Agnieszka (2015): *Die schriftliche, mündliche und nonverbale Kommunikation an der Wertpapierbörse*. In: Kaczmarek, Dorota/ Makowski, Jacek/ Michoń, Marcin/ Weigt, Zenon (Hg.): Felder der Sprache – Felder der Forschung. Lodzer Germanistikbeiträge. Text-Wesen in Theorie und Analysen. Łódź, Wydawnictwo Uniwersytetu Łódzkiego, 151–159.

Stawikowska-Marcinkowska, Agnieszka (2020): *Fach- und Gemeinsprache in deren Wechselbeziehungen und diffusem Spannungsfeld*. Łódź: Wydawnictwo Uniwersytetu Łódzkiego.

Stawikowska-Marcinkowska, Agnieszka (2022): *Linguistics for business (L4B) der Universität Łódź: ein Studiengang im Geist der Kompetenz- und Praxisorientiertheit. Sprachenbarometer Łódź 2021 – Stand und Prognosen*. In: Academic Journal of Modern Philology 16, 231–242.

Stawikowska-Marcinkowska, Agnieszka/ Makowski, Jacek (2023a): *Berufs- und Fachkommunikation auf modernen Arbeitsmärkten aus der Perspektive der dritten Mission von Universitäten – Chancen, Herausforderungen, Wendpunkte*. In: Dargiewicz Anna, Szczęk Joanna (Hg.): Wende? Wenden! – Linguistische Annäherungen. Teil 1. Göttingen: V&R unipress, 225–244.

Stawikowska-Marcinkowska, Agnieszka/ Makowski, Jacek (2023b): *Berufskommunikative Sprachausbildung in der Outsourcing-Branche in Polen. »Sprachenbarometer Lodz 2021«*. In: Informationen Deutsch als Fremdsprache 50 (1), 13–27.

Stefaniak, Beata (2013): *The Language Policy of the European Union*. Berlin: Peter Lang.

Szczęk, Joanna (2017): *Kompetencje gramatyczne studentów filologii germańskiej w świetle podstawy programowej w zakresie języków obcych oraz programów studiów. Próba diagnozy i prognozy*. In: Języki Obce w Szkole 01, 65–69.

Szczęk, Joanna (2019a): *Die grammatische Kompetenz im Bereich des DaF in Polen unter der Lupe. Versuch einer Bestandsaufnahme im Lichte der curricularen Vorgaben in Rahmenlehrplänen und Studienprogrammen für Germanistik*. In: Aussiger Beiträge 13, 205–222.

Szczęk, Joanna (2019b): *Sinkende Deutschkenntnisse, sinkende Studentenzahlen. Einige Bemerkungen zur Entwicklung des Studiengangs Germanistik in Polen*. In: Middeke, Annegret/ Sava, Doris/ Tichy, Ellen (Hg.): Germanistische Diskurs- und Praxisfelder in Mittelosteuropa. Berlin: Peter Lang, 41–53.

Szczęk, Joanna/ Kałasznik, Marcelina (2016a): *Deutsch als Fremdsprache im universitären Bereich – Diagnose und Perspektiven für die Zukunft*. In: Mihułka, Krystyna/ Sieradzka Małgorzata/ Budziak, Renata (Hg.): Die Fremdsprache Deutsch in Polen: Anfänge, Gegenwart, Perspektiven. Rzeszów: Wydawnictwo Uniwersytetu Rzeszowskiego, 97–114.

Szczęk, Joanna/ Kałasznik, Marcelina (2016b): *Mehrsprachigkeit – zwischen Annahmen und Realität. Versuch einer Bilanz am Beispiel der Sprachlernbiografien polnischer Studenten*. In: Studia Translatorica 7, 235–270.

Szczęk, Joanna/ Kałasznik, Marcelina (2017): *Europejski System Opisu Kształcenia Językowego (ESOKJ) w ształceniu filologicznym – diagnoza i perspektywy*. In: Studia Neofilologiczne 13, 105–118.

Szerszeń, Paweł/ Wolski, Przemysław/ Efing, Christian (2024): *Deutsch als Fach- und Fremdsprache in digitalen Technologien*. In: Szurawitzki, Michael/ Wolf-Farré, Patrick (Hg.): Handbuch Deutsch als Fach- und Fremdsprache. Ein aktuelles Handbuch zeitgenössischer Forschung. Berlin, Boston: De Gruyter, 627–644.

Szurawitzki, Michael/ Wolf-Farré, Patrick (Hg.) (2024): *Handbuch Deutsch als Fach- und Fremdsprache. Ein aktuelles Handbuch zeitgenössischer Forschung*. Berlin, Boston: De Gruyter.

Tichy, Ellen (2022): *Von unsichtbarer Hand – Germanistik im Wandel der Zeit*. In: Academic Journal of Modern Philology 16, 267–276.

Tichy, Ellen/ Tesch Felicitas (Hg.) (2021): *Deutsch in Fach und Beruf. Aktuelle Fragen und neue Ansätze der Fremdsprachenvermittlung*. Berlin: Peter Lang.

Trocki, Michał (2001): *Outsourcing. Metoda restrukturyzacji działalności gospodarczej*. Warszawa: PWE.

Ustawa Prawo o szkolnictwie wyższym i nauce [Hochschul- und Wissenschaftsgesetz] (2024) (=HWG 2024) In: Obwieszczenie Marszałka Sejmu Rzeczypospolitej Polskiej z dnia 11 września 2024 r. w sprawie ogłoszenia jednolitego tekstu ustawy – Prawo o szkolnictwie wyższym i nauce <https://isap.sejm.gov.pl/isap.nsf/download.xsp/WDU20240001571/O/D20241571.pdf>.

Vater, Heinz (1992): *Sprache und Kommunikation im Unterricht*. Weinheim: Beltz Verlag.

Velásquez-Bellot, Alice (2004): *Metodología teórica del proceso de elaboración de un Diseño Curricular para la enseñanza de las lenguas con fines específicos*. In: Revista Electrónica de Didáctica ELE 2.

Vossen, Rolf (2010): *Management und Sprache: Eine Einführung in die Wirtschaftskommunikation*. Berlin, Boston: De Gruyter.

Wąsik, Jan (2010): *Języki w biznesie międzynarodowym*. Warszawa: PWN.

Weber, Max (1922): *Wirtschaft und Gesellschaft*. Tübingen: Mohr Siebeck.

Welsch, Wolfgang (1999): *Transculturality: The Puzzling Form of Cultures Today*. Berkeley: California University Press.

Wodak, Ruth (2011): *The Discourse of Politics in Action: Politics as Usual*. London: Palgrave Macmillan.

Wojtyna, Andrzej (2010): *Technologische Veränderungen und ihre Auswirkungen auf den polnischen Arbeitsmarkt*. Warszawa: PWN.

Zielonka, Jan (2006): *Europe as Empire: The Nature of the Enlarged European Union*. Oxford: Oxford University Press.

Żmigrodzki, Paweł (2010): *Komunikacja w edukacji*. Wydawnictwo Naukowe Uniwersytetu Jagiellońskiego.